吉/林/抗/日/义/勇/军/丛/书

发现

——东北抗日义勇军在龙潭

赵聆实　于化冰　修瑞 / 著

吉林大学出版社
长春·

图书在版编目（CIP）数据

发现：东北抗日义勇军在龙潭 / 赵聆实，于化冰，
修瑞著. -- 长春：吉林大学出版社，2022.10
ISBN 978-7-5768-0935-0

Ⅰ.①发… Ⅱ.①赵… ②于… ③修… Ⅲ.①东北抗
日义勇军 – 史料 – 龙潭区 Ⅳ.①K264.306

中国版本图书馆CIP数据核字(2022)第198204号

书　　　名：发现——东北抗日义勇军在龙潭
　　　　　　FAXIAN——DONGBEI KANGRI YIYONGJUN ZAI LONGTAN

作　　　者：赵聆实　于化冰　修瑞
策划编辑：高珊珊
责任编辑：高珊珊
责任校对：周春梅
装帧设计：刘　瑜
出版发行：吉林大学出版社
社　　址：长春市人民大街4059号
邮政编码：130021
发行电话：0431–89580028/29/21
网　　址：http://www.jlup.com.cn
电子邮箱：jldxcbs@sina.com
印　　刷：吉林市海阔工贸有限公司
开　　本：787mm×1092mm　　1/16
印　　张：16.25
字　　数：350千字
版　　次：2022年10月　第1版
印　　次：2022年10月　第1次
书　　号：ISBN 978-7-5768-0935-0
定　　价：158.00元

前　言

PREFACE

　　九一八事变后，吉林龙潭与中国东北各地同难，沦于日本帝国主义的铁蹄之下。国难当头，不甘当亡国奴的人们，不分阶层、不分民族、不分男女、不分长幼，毅然决然，奋起抵抗！他们拿起棍棒、刀枪，为了民族生存，不顾一切揭竿而起，组成抗日义勇军，以血肉之躯抗击日本侵略者，涌现了一个个可歌可泣的英雄人物，谱写了一曲曲英勇悲怆的英雄壮歌，留下了一段段英雄的业绩，迄今仍在民间流传。这种民族正气和爱国精神，是永远值得敬佩和歌颂的。

　　1931年9月21日，日本侵略者占领吉林市后，吉林境内迅速燃起熊熊的抗日烽火。紧邻省城的蛟河、江密峰一带抗日义勇军频繁出击，给日伪统治带来很大威胁。

　　东北抗日救亡会的于毅夫于1939年对江密峰及南沙（代王砬子所在地）的抗日义勇军斗争做了如下记载："就在那东山里，离省城二十里附近的地方，北沙河的山边，就有义勇军三四百人时常在那出没，他们有时候，神出鬼没地出来袭击日本军队，但是等日军来进攻时，他们又钻入丛山峻岭中，逃之夭夭。待日军过去，不知什么时候，这些爬山越岭的英雄们，又都跑出来，仍然照旧地来生活！在他们杀喜猪的时候，有时附近的老百姓还会被邀请上山去大吃大嚼。到处响亮着反抗的歌声，到处燃烧着斗争的火把，千千万万的农民都投入义勇军，千千万万的伪国军队都拖抢哗变！"这里提到的北沙河距离代王砬子不足一公里远。

　　在舒兰、江密峰一带活跃着一支由绿林武装组成的抗日救国军，首领是宫长海和姚秉乾。宫长海早年投身绿林，报号"傻子"，人称"宫傻子"。吉林市沦陷后，正在东北边防军25旅司令部任副官的宫长海毅然离开军队，联络旧部，组织了一支抗日武装，与在江密峰一带进行抗日活动的姚秉乾武装联合起来，成立了抗日救国军。江密峰与省城吉林市仅一江之隔，宫、姚的抗日救国军让日伪统治者非常震惊，他们企图收买宫、姚的武装，这样既可消除隐患，又能加以利用。于是，熙洽派员前往宫、姚驻地，许以好处，答应给枪、给弹药，意在诱降。宫、姚将计就计，佯装应允条件，带队开往蛟河境内听后整顿、改编。当得到熙洽送来的枪支弹药后，宫、姚立即宣布继续抗日，奉命尾随的一营伪军也当即哗变，加入抗日救国军。1931年10月，驻吉林市的日军奔向蛟河，围剿宫、姚抗日救国军。宫、姚部机智应对，痛击日军。《东北血痕》一书记载："是役夺获日寇枪械三百支、子弹八万粒，日寇死伤甚重。"宫、姚的抗日救国军深受民众支持，很快发展到五六千人。

冯占海、王德林、田霖等抗日武装也都曾在这一地区开展抗日武装斗争。

《救国旬刊》第二十五期载文《吉林义军——王德林部破坏吉东铁路，李杜丁超抗日壮志仍坚》："吉林救国军王德林代表昨谈该军破坏吉省铁轨情形云，自上月底由王德林召开军事会议后，决分三路破坏中东、吉敦、天图三路铁轨，中东路由孔宪荣担任，前次已将各重要桥梁破坏，最近穆棱宁安等处铁轨桥梁及车站之材料，均被我军炸毁。吉敦路由吴义成担负破坏工作，虽经吴数度摧毁，但尚有江桥完整，现闻江桥亦被吴军炸断。我军待其恢复之后，又予以破坏，日军已无办法。"

日伪档案也留下了如下记录：

驻吉林日本总领事馆情报《为通报反吉军冯占海一派行动由》（吉警机密第一一七六号）："顷据谍报，七月六日袭击永吉县缸窑市街之反吉军冯占海一派约三百名，于该处绑架满洲国人七十名，与盘踞该地附近之兵匪二百余名合帮，七月七日窜向吉长路九站北方约五里之山谷中，有袭击吉林省城之计划等情。（七月二十三日）。"

驻吉林日本总领事馆情报《为通报匪情由》（吉警机密第一二八二号）："匪首还阳有部下二百名，其势殊未可侮。近来与逼累军协力图王冯匪军之便利等情，据此查，现在江密蜂（现江密峰）老爷岭方面铁路被害甚多，皆系此等别动队计划。使官军主力集中于该方面，彼以主力自西南方面袭攻省城。至其征发木船，则系俟江水退减，以架桥材料云。（七月二十六日）"

驻吉林日本宪兵分队呈文《为通告股匪袭击吉敦路各站情形由》（吉林宪高普第一三〇一号）："顷据谍报，八月十日午前一时至五时吉敦路车站四处被匪袭击其情况如下：一、秋梨沟站于午前一时许，突来股匪约百五十名袭击该站。守备中副目以下五名与应战，改由援队将匪击退。战死副目与兵二名，又负重伤者二名。该匪并将电线割断，铁道亦被破坏。当日已修理复旧。二、老爷岭站于午前五时许，突遭约百名之胡匪袭击，为守备队击退。我军并未受害者。三、六道河子车站于午前四时许突来胡匪约二百名袭击，为支军击退，我方无损失。四、额赫穆站于午前五时许突来胡匪约三十名，袭击该站建筑中之展望台，被支军击退，我方亦无损失。五、江密蜂站于午前一时许有胡匪四五十名出没于站南约四千米之地点。在该站北四千米地点，亦有胡匪约三百名出没并来袭击该站，即行退去。（八月十日）"

吉林省公署警务厅呈文：《呈报吉敦铁路轨被炸，机车脱轨情形》："查股匪拆毁吉敦路小茶棚路轨事件，业经电话报告在案。旋于本日午后五点据督察官马季援报称，该员由东车站查悉，江密峰至龙潭山中间之小茶棚地方路轨不知昨夜何时被匪拆毁十余空，今早三时由敦化开来货车行抵该处即行脱轨。匪等当时即将货车烧毁一辆，机车亦被损坏，司机逃回，烧灭者无踪。（八月十六日）"

日本参谋本部编《满洲作战经过概要》："敌匪经常对铁路沿线进行袭击、烧毁铁路桥、破坏通信等，特别是吉敦铁路被害尤甚。（8月中敌袭击铁路沿线达18次，9月1日至20日9次）"

在这一地区，最为活跃的是田霖部。田霖1932年3月率部（伪吉林警备军第3旅第9团第3营）在新站起义，吉（林）敦（化）线是其率领的救国军的主要游击区，江密峰就在田霖的游击区内。田霖多次组织对吉敦线的破袭战斗。1932年7月田霖率部加入冯占海部抗日义勇军后，按照部署，仍经常活动在这一地区。9月，田霖部一支奉命在吉敦线原游击区坚持斗争，"相机骚扰敌人，准备迎接主力东返。"

代王砬子即处于田霖的游击区内，其存在抗日义勇军并能够长期坚持抗日斗争是有兴起和发展基础的。

据调查证实，代王砬子这支抗日义勇军原为东北军，1933年前后从蛟河、新站方向来到南沙村域内的代王砬子山区，人数达百余人。他们对蛟河至代王砬子一带的民情、地情、敌情颇为熟悉，能够充分、有效地利用这些条件在大山里长期潜伏下来，坚持抗日斗争，打击敌人。

这支抗日义勇军经常活动在这一地区，百姓对他们比较了解，当地的一些民众有的就是抗日义勇军中的官兵。姚秉乾部起兵在江密峰，姜志远部起兵后也曾经活动在这一带。抗日义勇军对当地百姓的情况也非常熟悉，他们有深厚的群众基础。有了群众基础，有了群众支持，他们才可以藏身于密林、藏身于民众之中。至今，江密峰的乡亲还记得他们，流传着他们的故事。这支抗日义勇军与当地农民建立了良好的军民关系，遵守军纪，不扰民、不勒索百姓。他们的密营远离人群密集区，利用散住的"农户"，建立联络点，通过"农民"购买粮油等生活用品，更重要的是保持对外联系，获取信息。同时也以农民的身份，从事农耕、采摘、狩猎活动，解决吃饭问题。山里的野兽和丰富的野果、野菜也为他们提供了部分食物来源。

代王砬子为长白山余脉，平均海拔虽然只有三四百米，但林深草密，石塘、石窖、石棚、石洞遍布，地形相似，地貌复杂，可藏匿处多，百余人的抗日义勇军在密林深处修筑的密营是很难被外人发现的。《孙子兵法》云："夫地形者，兵之助也。"代王砬子抗日义勇军有着丰富的野外生存和军事斗争经验和能力，他们顺应地形地貌的特点和优势，巧妙地布设营地和防御设施。营地西起吴家沟，向蛟河方向延伸，方圆直径约5公里，由一号营地、二号营地、三号营地组成。有哨位、地窖子等39处。其中地窖子8处，位于向阳背风处，近山岗、近水源，发现敌情，不利应战时，可直奔山岗，迅速转移。哨位共6个，设置在山口、路边、高地和营地连接点。居于要处，便于观察，发现敌情，利于传递信息。哨位所在地同时也是良好的阻击点，便于设伏，诱敌深入，围而聚歼。三个营地各自独立又相互联系，互为依托又互为护卫，最大地发挥转移、观察、射击、隐蔽、伪装、防护、通讯联络和战斗指挥的效能。如发现敌情可迅速传达到每个营地，做好相应准备。如有小股敌人进犯，也可相互配合，就地阻击、消灭敌人。

这一带是抗日义勇军的游击区，对于敌人据点、布防和活动规律，代王砬子抗日义勇军了如指掌，便于回避敌人的进攻和围剿，保护自己。同时也利于利用敌人的弱点，精确打击敌人。据调查，代王砬子抗日义勇军曾经袭击过新站、江密峰、丰满、大小孤家子等处的日伪军据点。这些据点大多远离抗日义勇军驻地，敌人在据点近处找不到他们活动的线索和营地。代王砬子抗日义勇军拥有马匹，马匹为抗日义勇军的作战行动提供了速战速决的便利。当敌人发觉时，他们已经撤出战斗，并迅速转移到安全地带，使敌人找不到他们行踪。一次，打江密峰据点后，敌人尾随到南沙，虽然进山搜查，但一无所获。

正是这样，代王砬子抗日义勇军才能在日伪的"眼皮子底下"坚持长期抗日斗争，直至东北光复。

代王砬子抗日义勇军经过十几年的密营斗争，对中华民族解放事业、对中国共产党有了深入的了解和正确的认识，东北光复后，觉醒的他们，在中共吉林市地下党组织的引导下，选择了与东北民主联军合作，参加剿匪斗争，直至加入革命队伍，为新中国的建立贡献力量。

姜志远是一个普通农民，在国破家亡之际，他站了出来，带上自己的亲人和乡邻，组织队伍，抗日打鬼子。姜志远抗日义勇军报号"双侠"（亦报"忠侠"）。日伪档案记载：1932年5月"双侠"等抗日义勇军在枣木林子活动。虽然姜志远和他率领的抗日义勇军的事迹没有更多记载，但他的名字和精神是应该颂扬和载入史册的。代王砬子抗日义勇军、抗日忠侠姜志远，正是这些有名的英雄和无数个无名英雄，才挺起了中华民族不屈的脊梁。

代王砬子抗日义勇军密营遗址、抗日忠侠姜志远是东北抗日义勇军抗日的实证。代王砬子抗日义勇军坚持抗战，时间之长不多见，密营遗址保持如此完好不多见。它丰富了东北抗日义勇军史、中共党史资料，丰富了革命遗址类型，作为红色文化资源和爱国主义教育资源，具有较高的存史、育人价值。

发现代王砬子抗日义勇军密营遗址，发现抗日忠侠姜志远，发现东北抗日义勇军在龙潭，以史为鉴，为昨天留存历史记忆，为今天涵养民族精神，为明天积蓄发展动力。

这就是《发现——东北抗日义勇军在龙潭》的价值与意义。

赵聆实

2021年1月于长春

目 录
CONTENTS

2018年9月13日，龙潭区档案馆二楼会议室里，一场关于东北抗日义勇军代王砬子密营遗址及抗日忠侠姜志远抗日活动调查、研究、论证工作情况的报告会，成为了新华社、中新社、吉林日报等多家中省直及地方媒体的聚焦点。

关于东北抗日义勇军代王砬子密营遗址及抗日忠侠姜志远抗日活动情况的发现，事情要从2016年说起。

2016年4月，原中共中央党史研究室下发了《关于印发〈东北抗日联军历史资料征集研究中心工作方案〉的通知》（中史办发〔2016〕10号），旨在通过全面征集整理涉及东北抗日联军的各种档案文献资料、口述史料、实物资料等，加大对东北抗日联军重要事件和重要人物的研究，组织开展东北抗日联军历史和伟大抗联精神的

2018年9月13日下午，"东北抗日义勇军代王砬子密营遗址及抗日忠侠姜志远抗日活动调查、研究、论证报告会"结束后，与会专家学者及媒体记者进山，实地考察代王砬子密营遗址。图为在遗址现场，记者集体采访东北抗联史专家赵俊清、刘信君、王宜田。

宣传教育。同年，中共吉林省委印发《东北抗日联军历史资料征集研究工作的实施方案》，面向全省征集相关资料和线索。2017年春，吉林市龙潭区负责该项工作的档案馆馆长于化冰在调查中了解到域内江密峰镇南沙村周边的山里有疑似抗日战争时期所建的密营。于是，龙潭区责成区委组织部和区委宣传部牵头，成立吉林市龙潭区东北抗日联军史料征集研究项目组，由时任组织部

长孙璐和宣传部长王建勋任领导小组组长，区档案馆馆长于化冰任副组长兼项目组组长，主持项目组全面工作。项目组特邀抗联史研究专家、三级研究员赵聆实任首席专家。张页若、王葆林、修瑞、孙岚、卢迪和刘洺辛加入项目组，从事调查、研究工作。

密营遗址所在的山，名为代王砬子山（E126° 47′，N43° 49′），位于吉林市城区东侧，距离城区约25千米，地处蛟河市、丰满区和龙潭区交界处。据档案记载，该山在清朝时期为贡山，有专人在此为皇室采捕贡品。从当年打牲乌拉总管衙门所在地乌拉街镇一直通向今天的黑龙江宁安市（时称宁古塔）的古驿道，刚好经过江密峰镇。代王砬子一带在清朝直至伪满时期，交通是比较便利的。

代王砬子山远眺。

代王砬子山上的"代王石"。

从13号哨位遗址远眺代王砬子主峰。

　　代王砬子周边山岗普遍海拔不高。主峰代王砬子海拔只有669.56米，附近最高峰宝贝砬子也只有800米左右。此山山脊隆起较为突兀，山势陡峭，整片山脉向蛟河方向延伸绵延百余公里。山上植被茂盛，林深草密，针叶林与阔叶林混交。冬季，山里气温可达零下30多摄氏度，积雪没过膝盖。密林之下，分布有大片花岗岩跳石塘，石屋、石棚、石窖、石洞、石坑、石缝随处可见。其间，藤蔓密布，带刺灌木遍地。另外，代王砬子周边山区，有多处山势地貌颇为相似，缺乏有效参照物，就连常年生活在当地的村副主任刘树臣和在山里从小玩到大的村支书吴玉忠也时常会在山里迷路。

　　山里时有野兽出没。据南沙村多位村民证实，山里有黑熊、野猪、狍子、貉子、獾子等出没。即便是近几年，也偶尔能见到黑熊和野猪。跳石塘里各类毒蛇尤其多，以野鸡脖子（学名虎斑颈槽蛇）、土球子（学名乌苏里蝮）等毒蛇为主。

　　此外，民国及伪满时期，代王砬子周边多为大草甸，人烟稀少，仅吴姓、陈姓、潘姓、温姓等少数几户人家，且大多是从山东、河北等地逃荒至此，分散在不同山脚居住，彼此间相距较远，以开荒种地为生。

　　如此恶劣、复杂的环境，恰恰为抗日义勇军在此建立密营提供了掩护，使抗日义勇军藏身于日伪军"眼皮子底下"成了可能。大量的石屋、石棚、石窖、石洞等成为天然的居住和藏身之所，时而出没的野兽也为义勇军提供了食物来源。山中泉水资源丰富，一年四季不断。另外，跳石塘之间或零散或集中分布的腐殖土坡地，土质极其肥沃，可以种植庄稼。春季，蕨菜、猴腿（学名蹄盖蕨菜）、刺嫩芽、刺五加、山芹、山韭菜等数十种山野菜十分丰富。夏秋季节，山里红、山梨、软枣子（野生猕猴桃）果香四溢，羊肚蘑、榛蘑、趟子蘑、扫帚蘑、大腿蘑（又称网纹牛肝菌）、猴头等多种可食用菌菇连片生长，这些都成为在此建立抗日义勇军密营的有利条件。

　　项目组历时两年多时间，开展田野调查百余次，采访到当事人1人、见证人3人、知情人近50

人；先后赴上海市、长春市、吉林市、鞍山市、蛟河市等多地档案部门查阅文献资料；开展实地测绘3次，并经吉林省文物局同意由省考古所开展了部分遗址发掘工作。

2017年12月1日，项目组到吉林市永吉县档案馆查阅文献资料，发现了曾在江密峰等地开展抗日活动的抗日义勇军将领姜志远的资料。

2017年10月24日，项目组进山正式开展调查。图为项目组成员及工作人员在午休时间，吃自带的面包、榨菜。

项目组野外调查合影。

2017年11月19日，项目组踏雪攀登代王碇子山。

为了拍摄一张密营遗址的全景图，赵聆实攀登到代王碇子主峰脚下，怀抱一棵生长在岩石缝隙间的不及手腕粗的柞树，脚下是二三十米高的垂直悬崖，冒险摄影。

吉林市电视台跟踪拍摄调查工作纪录片。

田野调查工作枯燥而且辛苦，尤其是冬季，山里有时白天气温达到零下二十二三摄氏度。积雪深及大腿根，每走一步都特别吃力。图为2019年清明时节，吉林市电视台工作人员随项目组进山拍摄，架起篝火，缅怀抗日义勇军先烈。

随着调查的不断深入，项目组先后发现了三片营地遗址。一次进山复查时，向导吴玉忠说有一条"近路"可以直通第三片营地，于是抄近路进山，结果迷路了。误打误撞，项目组发现了密营的"第四片"营地。图为项目组在对新发现的营地遗址进行勘测、记录。

日军占领吉林期间，曾大肆掠夺当地的自然资源。在江密峰镇双桠山村域内，曾有一座石山，通体为一整块巨大白石。日军进占后，探明其为硒石矿，遂对其大肆开凿掠夺。矿石被开采无存，留下一处数十米深、十余个足球场大的深坑。抗日义勇军曾经袭击过这处矿场。图为项目组在矿坑底部考察。

测绘队进山对遗址进行专业测绘。

第一编 东北沦陷

明治维新后，日本很快走上军国主义道路。1927年"东方会议"后，进一步明确了"惟欲征服支那，必先征服满蒙；如欲征服世界，必先征服支那"的大陆政策。1931年，日本对华发动了蓄谋已久的九一八事变，侵占中国东北，拼凑伪满洲国傀儡政权，实行了长达14年的血腥殖民统治，3000万东北各族人民挣扎在日伪统治的水深火热之中。

1 铁蹄践踏

1931年9月18日夜，日本关东军在沈阳柳条湖附近炸毁南满铁路一小段铁路，反诬中国军队所为，并以此为借口，进攻中国东北军沈阳北大营，悍然发动九一八事变。这是日本帝国主义大规模武装侵略中国东北的开端。

日军选择距沈阳北大营不远的柳条湖附近的南满铁路一段路轨为爆破点，制造铁路被炸假现场，把事先抓来的中国无辜百姓枪杀在柳条湖附近。

日军炮轰东北军驻地沈阳北大营，部分东北军官兵自发抵抗。图为日军炮轰后的北大营废墟。

1931年9月19日，日军侵入沈阳城。

1931年9月19日晨，日军在沈阳街头张贴早已准备好的布告。

日本关东军司令官布告。

1931年9月19日，日军占领沈阳城内的东三省兵工厂。

1931年9月19日，日军占领沈阳城内的中国银行。

1931年9月19日上午，日军完全占领北大营后，在原东北军王以哲旅司令部门前炫耀武力，拍照留念。

1931年9月19日晨，日军第三旅团第四联队突然袭击长春二道沟及南岭的中国驻军。中国官兵拼死抵抗、突围，长春陷落。图为激战后的南岭兵营。

日本关东军进犯长春，炮轰长春宽城子东北军驻地。

日本关东军占领长春宽城子东北军营房。

日军占领长春。

日军在长春站集结，准备进犯吉林。

从1931年10月中旬起，日伪军对黑龙江省嫩江桥中国守军发动进攻，11月19日，日军占领齐齐哈尔。

日军侵入山海关。

齐齐哈尔沦陷后，日军兵分三路，从沈阳、通辽、营口出发，向锦州进犯，1932年1月3日，锦州沦陷。

2 江城沦陷

1931年9月19日晨，东北边防军司令部驻吉副司令长官公署参谋长熙洽召集军政两署紧急会议，确定对日"绝对不抵抗"的方策。命令省城驻军一律开出城外数十里待命，致使吉林成为一座无防之城。21日，熙洽派员前往土门岭迎接日军。日军不费一枪一弹，进入吉林，吉林沦陷。

吉林市又名江城，源于清康熙皇帝"连樯接舰屯江城"的诗句。图为吉林老城。

九一八事变前的吉
林省公署。

20世纪30年代吉林市远眺。

吉林

第一编 东北沦陷

市街全景

1931年9月21日，日军以装甲车开道，乘火车沿吉长线从长春向吉林进犯。晚6时，占领吉林火车站。

1931年9月21日，吉林市沦陷。

日军占领吉林省政府。

日军占领东北边防军驻吉副
司令官公署。

日军占领吉林军械厂。

日军占领吉林北大营。

日军占领吉林银行。

占领吉林的日军第二师团司令部设在名古屋馆。

日军占领吉林电话局。

占领吉林的日军在日本驻吉林总领事馆前。

吉林日本宪兵队。

日军炮兵联队在新开门街。

日军在吉林西关。

日军在吉林团山子。

停靠在吉林站的日军装甲列车。

日军马队在吉林铁路线上。

日军在吉林街头横行。

　　1931年9月26日，在日本关东军的策划下，熙洽抢先宣布"独立"，成立了军政合一的"吉林省长官公署"，自任长官。

"吉林省长官公署"成员。

3 生灵涂炭

东北沦陷，山河破碎，生灵涂炭！日本侵略者占我河山、杀我同胞、掠我财富，暴行累累、令人发指、罄竹难书！东北沦为日本帝国主义的殖民地长达14年之久，残酷的殖民统治，给东北人民带来深重的灾难。

1932年9月16日，日军制造九一八事变后第一起集体屠杀我国无辜百姓的惨案——平顶山惨案。图为制造平顶山惨案的日军。

平顶山遇难同胞部分遗骨。

辽宁铁岭龙首山，日军刺杀我幼童，集薪待焚。

中国爱国人士被日军砍下头颅。

1935年5月29日至6月7日，日本满洲派遣军第十六师团第三十八联军第三大队以"剿匪"为名，进犯吉林舒兰县老黑沟（现舒兰市老黑沟），1017名无辜百姓被日军屠杀。

日军把掠夺的大批物资运往日本。图为横道河子林场即将运往日本的木材。

新京（长春）火车站上即将运往日本的大豆。

即将运往日本的各类物资。

中国学生在日本侵略者的逼迫下，每天都要参拜日本的"天照大神"。

第二编 奋起抵抗

九一八事变爆发后，中国共产党发出宣言，坚决反对日本帝国主义侵略。全国上下迅速燃起抗日烽火。"起来！不愿做奴隶的人们！把我们的血肉，筑成我们新的长城！中华民族到了最危险的时候，每个人被迫着发出最后的吼声。起来！起来！起来！我们万众一心，冒着敌人的炮火，前进！前进！前进！进！

1 铁血卫国

在中国共产党的领导和影响下，奋起的抗日义勇军遍及东北各地，人数最多时达到30万以上。他们前赴后继，与日本侵略者进行着殊死的搏斗，有力地打击了日本侵略者的嚣张气焰，得到了全国人民和海外侨胞的拥护和支持。

1931年9月20日，中共中央发表《为日本帝国主义强暴占领东三省事件宣言》。

中央关于日本帝国主义强占满洲事变的决议

（一九三一年九月二十二日）

（一）日本帝国主义驻满军队，于九月十八日晚，借辞南满铁路破坏的口实，紧急的以武力占领沈阳、营口、长春与南满安东两铁路线上的各重要城市，炸毁重要的要塞建筑、兵工厂及繁盛的街市，屠杀无数的中国兵士与劳苦群众。同时更在次一日占领吉林、延边、新民各地。并向青岛、天津、北京、葫芦岛、秦皇岛各地增兵。并委任沈阳及其他地方的行政长官，拆毁沈阳兵工厂，移动大队的驻鲜军队入满。而日本全国的军队，亦是在整个动员备战的状态之中。这严重的事变，是日本帝国主义的积极殖民地政策之产物，是日本武装占领整个满洲及东蒙的企图的最露骨的表现，是将满洲更殖民地化，而作更积极的进攻苏联的军事根据地的实现。日本帝国主义所以能够而不得不采取这个政策的原因是：

1. 剧烈的空前的世界经济危机，用极大的力量打击着日本帝国主义。日本的经济危机，猛烈发展着，浸入一切的生产部门与国内国外的贸易，广大的群众失业，无产阶级与劳苦群众的生活的极端恶化，并在这个基础上产生了群众斗争的日益紧张与革命化（失业斗争之严重，罢工斗争的开展，与朝鲜、台湾的骚动）。所有这些，促使

反帝国主义运动，以博取帝国主义者的欢心，而维持自己行将没落的统治。然而由于帝国主义在华矛盾的紧张，革命运动发展的不平衡，军阀内部的矛盾和冲突是不会消灭的，反而会更加紧张起来。虽然国民党民族武断的宣传的破产和它的投降帝国主义的面目在群众面前更进一步的揭露，但是，国民党必然要更利用民族主义及一切的武断宣传来阻滞群众运动的革命化。

（四）党在这次事变中的中心任务是：加紧的组织领导发展群众的反帝国主义运动，大胆地警醒民众的民族自觉，而引导他们到坚决无情的革命斗争上来。抓住广大群众对于国民党的失望与愤恨，而组织他们引导他们走向消灭国民党统治的斗争。抓住一切灾民、工人、兵士的具体的切身要求，发动他们的斗争走到直接的革命斗争。领导群众为反对日本帝国主义的暴力政策，反对帝国主义的奴役和侵略，反对进攻苏联和苏区，拥护苏维埃，武装保卫苏联，反帝国主义的强盗战争斗争。为着这些任务的实现，中央责成各级党部及全体同志以布尔塞维克的坚决性与无限的革命热忱来进行下列的工作：

1. 进行广大的反对日本帝国主义的暴行的运动。丝毫地不要害怕群众的民族主义热忱，相反的必须加紧警醒群众的民族自觉而引导到反帝的斗争上去，同时坚决地反对一切国民党的武断宣传。向广大的群众指出：只有群众自己的力量能够战胜日本帝国主义的侵略和求得民族的解放。只有苏维埃政权才是唯一的能够彻底的反对帝国主义的政权。估计着群众的仇恨和热烈，提出武装群众的口号，使这些武装群众团体变为游击队与工人自卫队。同时必须指出只有推翻地主资产阶级的国民党政府，才能真正地进行革命的民族战争，使武装群众的口号很密切地与武装暴动口号的宣传密切的联系起来。

2. 组织各色各种的反对帝国主义的公开组织，或者参加一切已

1931年9月22日，中共中央发表《关于日本帝国主义强占满洲事变的决议》。

1931年9月19日，中共满洲省委发表《为日本帝国主义武装占据满洲宣言》。

中共满洲省委决议

—— 关于日本帝国主义武装占据
满洲与目前党的紧急任务

（一九三一年九月二十一日）①

一、日本帝国主义在十八日动员数万海陆空军，已将奉天、长春、营口、铁岭、公主岭、宽城子、抚顺等地，以及其它许多大小城镇完全占领。国民党军阀军警武装全被缴械。一切机关、工厂、银行全被占据。对工农贫民群众施行残酷任意的屠杀，大街小巷之死尸触目皆是。有计划的武装占据整个满洲，满洲已全部变为战地景况，工农兵劳苦群众的生活，完全在失业流离恐怖死亡饥饿贫困的状态中。兼之物价突然高涨数倍，一般商人拒用奉票之结果，自动抢粮抢煤者到处皆是。因而工厂停工，而失业之工人生活贫〔困〕已达空前的境地。

二、日本帝国主义之所以能占据满洲，完全是

① 此年代是文件戳记上的时间。

57

1931年9月21日，中共满洲省委发表决议《关于日本帝国主义武装占领满洲与目前党的紧急任务》。

中共满洲省委
对士兵工作的紧急决议

（一九三一年九月二十三日）①

一、在国民党命令不准士兵抵抗，甚至长官先秘密逃走，让士兵给日本帝国主义军队解除武装与施行残酷的屠杀。士兵在愤恨与彷徨（如现在还未被日军占领之区域）或溃走（被日军打毁与准备退入关的）情状之下，党应加紧领导与号召士兵群众，发动他们不让日本帝国主义军队缴械，反抗国民党长官之一切命令的斗争，以至叛变。为要使更广大的动员他们，必须抓住他们更迫切要求（如立即发饷，反对长官收枪问题）的鼓动。在有党组织的军队中立即布置这种斗争，特别是在日本军队还未被占领的区域（如北满等）。

二、反国民党长官的斗争如已发动，如果有占领当地反抗日军进攻的力量，必须利用这一机会领

① 此年代是根据本文内容判断的。

71

导他们，并且发动与当地工农群众的斗争，反抗日军的进攻，积极的扩大罢工罢课罢市反抗占领满洲的运动。否则（如溃走军队等）叛变到农村去（最好到有工作的地方），帮助与发动农民的斗争，并深入土地革命，进行游击战争，解除地主警官武装给农民，扩大与改编原来的队伍。

三、必须加紧宣传日本帝国主义占据满洲的意义，只有推翻国民党的统治（与现在南方的红军斗争一样），才能从帝国主义的压迫下解放出来。特别指出当胡匪不是出路，应将省委对士兵宣言翻印，普遍散发到军队里去，尽可能的在士兵支部与当地党部，每天有小标语式的传单散发，加紧经过群众的动员，组织宣传队到士兵中活动，注意推动士兵用通信方法，向其他有关系的部队宣传鼓动。

四、在目前混乱的状态之下，比较更多公开活动的机会，必须利用一切的可能召集兵士会议与公开的活动，组织"不给日本缴械"、"反抗日本帝国主义占据满洲"、"要求发饷"等等的士兵斗争委员会，从大会或比较少数人选举成立起来，领导这种运动。使他成为广大士兵拥护的斗争组织。必

72

1931年9月23日，发表《中共满洲省委对士兵工作的紧急决议》。

群众拿起刀枪组成民众自卫军。

东北抗日义勇军奔赴前线。

战壕中的东北抗日义勇军。

马占山（1885—1950），东北抗日义勇军著名将领。字秀芳，吉林怀德人。1928年任东北军步兵第三旅旅长兼黑河警备司令。九一八事变后，任黑龙江省政府代主席兼军事总指挥，指挥了著名的江桥抗战。1932年马占山参加伪满洲国建国会议，任伪满军政部总长兼黑龙江省省长。4月，马占山再次举旗抗日，率部转战黑河、嫩江等地。12月退入苏联境内，后经欧洲返回上海。

黑龙江省政府代主席兼军事总指挥马占山。

1931年11月4日至19日，马占山率领黑龙江守军在泰来县江桥镇嫩江桥进行江桥保卫战。

马占山向全国发出抗日通电。

马占山部骑兵驰骋在雪原奋勇杀敌。

东北民众抗日义勇军总指挥黄显声。

黄显声（1896—1949），东北抗日义勇军著名将领。字警钟，辽宁凤城县人。1930年任辽宁警务处处长兼沈阳市公安总局局长。九一八事变后组织公安武装和武装民团，在辽北、辽西率领义勇军抗击日军。黄显声任师长的骑兵二师威震辽西。

抗日义勇军攻入沈阳，民众在小东门夹道欢迎。

1931年12月黄显声率部在锦州抵抗日军入侵。

整装待发的东北抗日义勇军。

辽宁民众自卫军总司令唐聚五

唐聚五（1899—1939），东北抗日义勇军著名将领。原名唐福隆，字甲洲，满族，黑龙江双城县人。18岁投身军旅，后入东北陆军讲武堂学习军事。历任排长、连长、营长等职。1931年任团副，驻守辽宁凤城县。1932年3月成立"辽宁民众自卫军"，唐聚五任总司令。8月任辽宁临时省政府代主席，10月率队撤退到热河，参加了长城抗战。

1932年4月21日，辽宁民众救国会在桓仁召开抗日誓师大会。

唐聚五发布的《告东北民众书》。

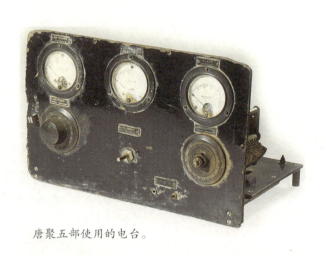

唐聚五部使用的电台。

东北抗日义勇军使用的武器。

东北民众自卫军司令邓铁梅。

邓铁梅（1892—1934），东北抗日义勇军著名将领。原名邓古儒，字铁梅，辽宁本溪人。九一八事变后，时任凤城县公安局长的邓铁梅在凤城县组织"东北民众自卫军"，担任司令。曾率部夜袭凤凰城、突袭龙王庙、攻打岫岩城，转战在安东、凤城、庄河等辽东三角地带，威震敌胆。1934年5月，因叛徒出卖被日军逮捕，9月28日在沈阳英勇就义。

东北民众自卫军司令部委任状。

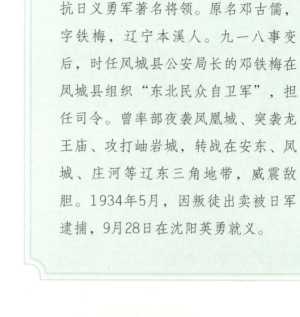
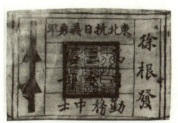

东北抗日义勇军使用的胸标、臂章。

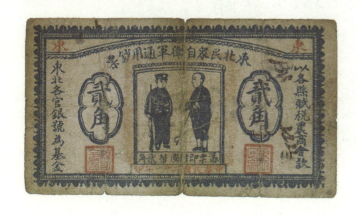

东北民众自卫军通用钞票。

辽宁民众自卫军第十九路军司令王凤阁。

王凤阁（1895—1937），东北抗日义勇军著名将领。字阿亭，吉林通化人。九一八事变后，首揭抗日救国军义旗，后加入辽宁民众自卫军，任第十九路军司令，率部转战于柳河、金川、通化等地。1937年3月在老虎顶子被敌人包围，苦战三天三夜，率队转移到六道沟南岔，负伤被俘。日军劝降，遭到王凤阁的严词拒绝，坚贞不屈，同年4月被日军杀害于通化城东玉皇山下的柳条沟。

在大凌河抗击日军的东北抗日义勇军战士。

被东北抗日义勇军颠覆的日军列车。

1937年春，王凤阁部在六道沟大南岔被日伪军包围，王凤阁与夫人及幼子被俘。4月，全家罹难。图为位于通化市的王凤阁将军就义地纪念碑。

吉林自卫军总司令李杜。

　　李杜（1880—1956），东北抗日义勇军著名将领。曾用名李荫培，字植初，辽宁义县人。1928年任吉林省依兰镇守使兼第24旅旅长。九一八事变后奋起抗日。1932年1月，联络部分爱国将领组建吉林自卫军，任总司令。1933年1月，自卫军失败后，李杜率部分余部退入苏联，同年5月假道欧洲回国，参加抗日救亡运动，后被推举为东北抗日联军总司令。新中国成立后，曾任全国政协委员、四川省政协委员、重庆市政协委员。

在哈尔滨保卫战中阻击日军的吉林自卫军战士。

吉林自卫军在哈尔滨
西门外与日军展开激战。

在哈尔滨西郊布防的
吉林自卫军。

行军途中的李杜部队。

吉林中国国民救国军总指挥王德林。

王德林（1873—1938），东北抗日义勇军著名将领。原名王林，字惠民，山东省沂水县人。九一八事变前任第27旅第676团第三营营长。1932年1月举旗抗日，随后成立吉林中国国民救国军，任总指挥，所部转战中东路东段沿线和东宁、穆棱、宁安、汪清、珲春、敦化、安图、额穆等县域。1933年1月，被日军重兵围剿的救国军失败。1933年王德林经苏联转道回到国内。2015年8月，列入民政部公布的第二批600名著名抗日英烈和英雄群体名录。

东北民众反日救国会颁发给王德林的委任状。

1932年3月，王德林领导的吉林中国国民救国军取得镜泊湖连环战的胜利。

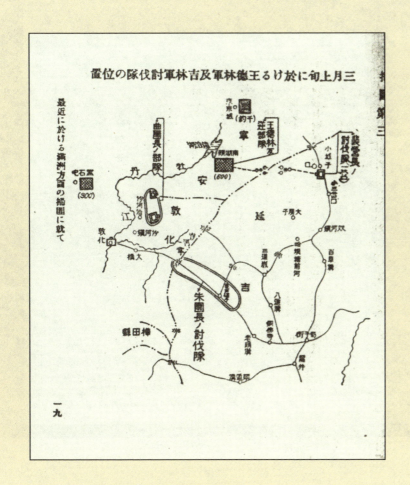

1932年3月，日军"讨伐"王德林抗日武装示意图。

东北抗日义勇军主要战斗统计表

（1931.12—1932.12）

时　间	部队番号	领导人	地　点	战　果
1931年12月26日	东北民众自卫军	邓铁梅	凤城县	攻克凤城县城，毙伤日伪军警50余人，缴获迫击炮2门、机枪3挺、步枪300余支。
1932年1月9日	东北民众抗日义勇军第三十四路军	刘纯启	锦西县	伏击日军骑兵古贺联队，击毙古贺以下40余人，击伤20余人。
1932年1月28日	吉林自卫军	李杜冯占海	哈尔滨	击溃进攻哈尔滨的于琛澂部伪军
1932年2月20日	中国国民救国军	王德林	敦化县	从东、南、北三面攻入市街，占领伪县署，击毙日军长谷大尉以下50余人。
1932年3月	吉林自卫军	冯占海	方正县桶子沟	毙伤日伪军1000余人，缴获迫击炮4门及大批枪械。
1932年3月18日	中国国民救国军	李延禄	宁安县墙缝一带	击毙日军小川松本大尉以下120余人
1932年5月4日	吉林自卫军	宫长海	哈尔滨市郊三棵树	击毙日伪军100余人，伪军两个营起义。
1932年5月	东北民众抗日义勇军第四十八路军	郑桂林	绥中县	在绥中县鲍庄子毙敌70余人
1932年5月20日	黑龙江省抗日救国军	李海青	肇东县	攻克肇东县城
1932年6月1日	吉林抗日救国军	姚秉乾	阿城县	攻克阿城县城，击毙日伪军550余人，缴获迫击炮4门、轻重机枪10挺。
1932年6月11日	黑龙江省抗日救国军	邓文	海伦县海北镇	攻打驻天主教堂日军，同时在赵家店伏击日军援兵，共击毙日军150余人。
1932年6月20日	辽宁民众自卫军第十九路军	王凤阁	金川县	在金川县样子哨至孤山镇中途设伏，俘伪军400余人，收复金川县城。
1932年6月23日	辽宁民众自卫军第六路军	李春润	新宾县	第二次收复新宾县城
1932年7月	东北民众自卫军	邓铁梅	凤城县	攻克凤城南部龙王庙镇，击毙伪军100余人，缴获大量军需物资。
1932年8月28日	东北民众抗日义勇军第二十一、二十四路军	赵殿良李兆麟	沈阳	攻打沈阳城，烧毁东塔机场油库和飞机20余架。
1932年9月2日	中国国民救国军	吴义成	安图县	攻克安图县城，收编伪县保安大队。
1932年9月9日	东北民众抗日义勇军第四路军	耿继周	锦西县汤河子	在汤河子附近伏击日军，击毙日军150余人，缴获步枪100余支。
1932年10月下旬	黑龙江省抗日救国军	邓文	安达县	占领安达县城，先后毙敌400余人。
1932年10月下旬	东北民众救国军	苏炳文	富拉尔基	攻打富拉尔基，毙伤日军多人。
1932年10月29日	黑龙江省抗日救国军	马占山	讷河县拉哈镇	攻入拉哈镇内，毙伤日军多人。
1932年11月20日	黑龙江省抗日救国军	邓文	拜泉县	坚守拜泉县城，毙伤日伪军1100余人。
1932年12月	东北民众自卫勇军第五十六路军	刘景文	岫岩县黄花甸子	击毙日伪军长冈少佐以下140余人

东北抗日义勇军主要战斗统计表（1931.12—1932.12）。

1931年9月27日，流亡到北平（今北京）的东北各界爱国人士发起成立东北民众抗日救国会。图为救国会部分成员。

九一八事变后，杭州市举行抗日救国大会。10万人在大雨中站立数小时，悲壮激昂。

1931年12月6日，上海爱国青年自发组成"赴东北援马抗日团"。图为团长张少杰带着棺材在上海站与欢送者诀别。

九一八事变后，海外华人示威游行，声援国内抗日救国运动。

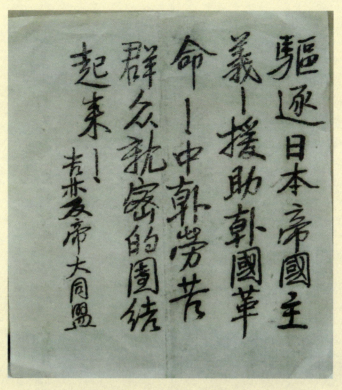

吉林反帝大同盟散发的抗日传单。

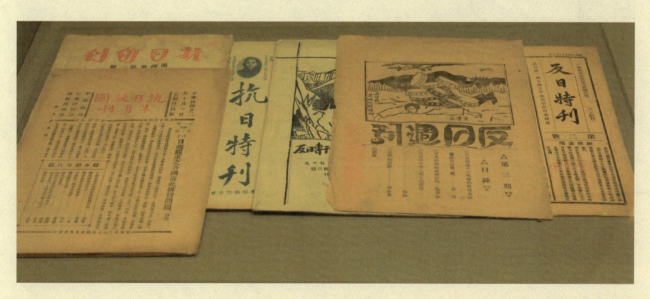

九一八事变后，各地出版的抗日救亡书刊。

2 威震敌胆

　　东北沦陷，时任吉林省军政两署卫队团团长的冯占海誓师宣布抗日。他面对3000抗日健儿大声宣告："从即日起，我团官兵誓举义旗抗倭讨贼，义无反顾！" 曾任吉林省防军第27旅676团一营营长田霖高呼："咱们这支队伍只有一个宗旨，就是打鬼子、保卫家乡！"他们彰显了中国铁血男儿不屈强虏、抗战到底的血性和钢铁意志。

吉林抗日救国军总司令冯占海。

　　冯占海（1899—1963），东北抗日义勇军著名将领。字寿山，辽宁义县人。18岁投身军旅。九一八事变后，冯占海举兵抗日。1932年1月与李杜等部队会合，组建吉林自卫军，任副总司令。同年5月，整顿队伍，改称吉林抗日救国军，冯占海任总司令，率部征战在五常、舒兰等地，与日寇激战百余次。1932年秋转战到热河，所部被张学良改编为第63军，后退至关内，仍坚持抗战。1954年4月，任吉林省体育运动委员会主任，1963年病逝。

冯占海三次拒降

1931年9月21日，省城吉林市被日本侵略者占领。熙洽自恃与冯占海有师生之谊、举荐之恩，三次派人到官马山冯占海部驻防地，企图诱降冯占海。不管是高官厚禄引诱，还是抄没家产威逼、出兵进剿要挟，冯占海都不为所动，表示："占海身为中国军人，只知效命国家，已将生死置之度外，何况身外浮物耶！"坚决拒降！

永吉官马山远眺。

冯占海率部在老营盘誓师抗日。图为老营盘。

"九一八"事变后我的抗日作战经过

冯占海 遗稿

"九一八"事变的爆发，日本帝国主义突然侵占中国东北的神圣领土，唤起了广大中国人民的民族觉醒，东北各地掀起了轰轰烈烈的抗日救国活动。当日本帝国主义的炮火，从沈阳侵占到长春，又将进攻吉林省城的时候，当时负责吉林军政大权的熙洽，竟叛国降日，甘心充当民族罪人。我当时反对熙洽这种卖国行为，为率所部卫队全体官兵奋起抵抗。我们这支队伍部队，从1931年9月23日起领吉林省城起，至1933年1月退至热河省边境止，先后在吉林省地区抗日作战，历时年余，经过大小几十次战役，莫不英勇杀敌，奋不顾身，给日寇以很大的打击。后因敌强我弱，械弹用尽，又加以义勇军抗日形势，日趋分散，不得不变更抗日作战计划，将主力部队撤退至热河边境开鲁一带，重新编整，准备投入新的战斗。我们的东北抗日活动，至此告一阶段。

东北沦陷了十四年之久，在中国共产党的领导下，抗日战争取得了最后胜利，现在东北解放已十几年了。回忆往事，不胜沧桑之感。兹就当时抗日作战的事实经过，追述如次。

一、熙洽叛国降敌，吉林卫队团超义抗日

当"九一八"事变发生时，吉林副司令长官公署参谋长熙洽

· 22 ·

二、吉林省警备军成立后的抗日作战

当事变初起时，吉林省全省面积约四十六万余方里，辖五十九县，地域辽阔，物产富饶，粮食尚充裕。此时民间拥有自卫枪枝约达二十万支以上，驻军实力分驻各要地亦颇有基础，作为抗日凭借是有条件的。所措事变初起，驻军分散，交通阻隔，晋息不灵，对于日寇侵入颇感一时不明。加以熙洽挟敌，还利用军政大权，发号施令，颇感听闻，更易使各地人民和驻军被其所惑。为了及时树立抵抗日除奸的鲜明旗帜，增强军政的号召力量，成立吉林省政府新的机构以伸正义，实属必要。适于此时，前吉林省政府主席张作相，由省政委员诚允代理主席，所有军政均旧节制。并派冯占海当任吉林省警备军暨第一旅旅长，邓乃祖、张纯曜任司令部参谋长等情。宾县临时省政府遂告成立，我承接受新命，于10月5日在五常县就司令职。为了重新整编队伍，扩大充实警备力量，经省政府决议成立吉林省警备军，新编四个旅，两个支队和骑兵一个团，炮兵一个营。第一旅旅长由冯占海自兼，王锡山任第一旅旅长，宫长海任第三旅旅长，姚秉乾任第四旅旅长。第一支队长为郝树森，第二支队长为杨耀藩，骑兵团长为冯其坤，炮兵营长为魁盛。此时队伍原有和新编共约四万余人。被服由各县郡库补充一部分，由省府购买一部分，尚有新的士兵自带武器参加一部分。当时各县人民不少抱着同仇敌忾的爱国热情，翻然前来参军，有的是亲父子亲兄弟一同事军。我们抗日的队伍由此逐渐充实，不断发展，故仇团忾，颇为雷励。

熙洽为了讨好日寇消灭我抗日军，于9月底即伪吉林长官名

· 25 ·

三、参加东北抗日自卫军的抗日作战

东北抗日自卫军的成立和参加哈尔滨作战

1932年1月，我军在拉林战役后，一部撤至阿城，主力撤至蒙克图（地距哈尔滨约四五十里），准备进入哈市作防守战。1月7日，我个人进入哈市，拟先会见代理司令李振声报告战况，并先协商哈市防守计划。但李振声不见，后经见面，又托言"今后不闻军事，军事由你自行办理"。同时哈行政长官张景惠于事变发生后，在沈阳即已隐中逃敌，归哈后并已作投降准备。我和他见面后，他显然视我是否愿意和日寇合作，我立即严词拒绝。

我回到蒙克图防地后，这接宾县省府来电，得知依兰警备司令李杜将军已率第一团前来共商抗日。暗商后，同共商防守哈尔滨的计划。当决定首先联合在哈市的邢占清旅长率部参加抗日，扩大抗日队伍，又联系王之佑、丁超等拒绝熙洽撤职的令率部抗战，以增强战斗力量。共决定即（1月10日）夜间，进占哈尔滨。入哈市后，即召开军事会议，由李杜主持。当即决议将所有抗日部队全部改编东北抗日自卫军，公推李杜为总司令，丁超为护路总司令，冯占海为副总司令兼右路总指挥，王之佑、赵毅为左路总指挥，李杜、邢占清为中路总指挥。最后制定了防卫哈市计划，给哈尔滨首次防守作战奠定了胜利基础。

1月11日，为了防守哈尔滨市，发布防守命令如下：

1. 十八旅丁超、二十六旅邢占清、第九旅（李杜一团）防守哈市上号一带。

2. 冯占海部王锡山、宫长海、姚重乾、赵榧斌等旅，杨树藩、郭英忱支队防守三棵树、南崴一带。

· 28 ·

"日寇侵我国土，掠我省库，杀我同胞，熙洽卖国求荣，认贼做父，罪大恶极。希我吉林爱国军民，团结一致，同仇敌忾，坚决与寇逆抗战到底，克尽保卫国土神圣职责，我团全军敢效前驱，愿与我吉林全省爱国同胞共勉之！"

《冯占海抗日讨逆通电》节选

冯占海部抗日义勇军。

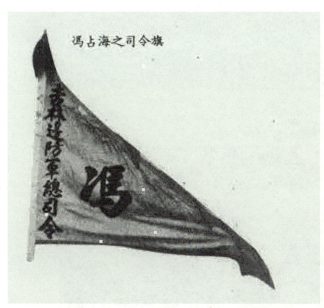

冯占海部司令旗。

冯占海手书：同仇敌忾 誓捣扶桑。

哈尔滨保卫战

　　1931年12月15日至1932年2月6日，吉林自卫军为阻击日伪军进攻哈尔滨而进行的战役。1932年2月3日，日伪军动用飞机、坦克、大炮，进攻哈尔滨，哈尔滨自卫军边打边退，损失惨重，2月5日哈尔滨沦陷。

冯占海部急行军赴哈尔滨御敌。

冯占海及其部队在行军途中（右一为冯占海）。

《图画时报》报道冯占海部抗日义勇军战况。

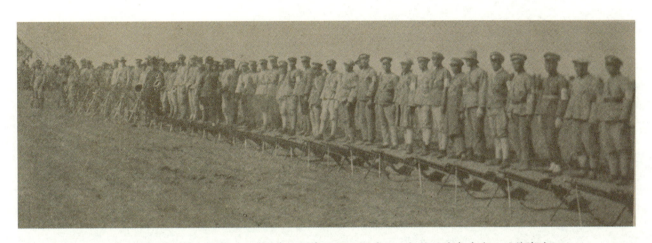

1932年1月底，冯占海部抗日义勇军在宾县高丽帽子缴获敌人机枪后准备出发，继续战斗。

冯占海部机关枪营。

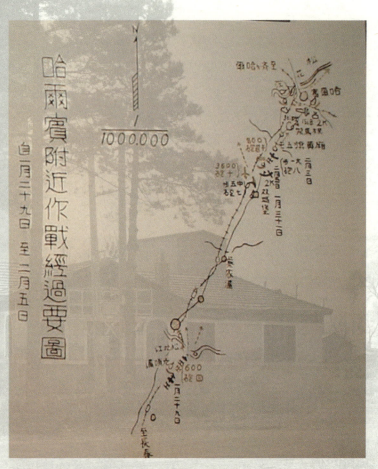

哈尔滨保卫战部分战况图示。

日军坦克部队向哈尔滨的门户双城堡进犯。

冯占海部转战哈东。1932年3月，日军轰炸冯占海部在方正县的驻地。

1932年3月27日，吉林自卫军在方正县会发恒等地全歼伪军李文炳旅。图为冯占海部攻占会发恒。

1932年6月下旬，冯占海率部攻打榆树，守敌弃城逃跑。

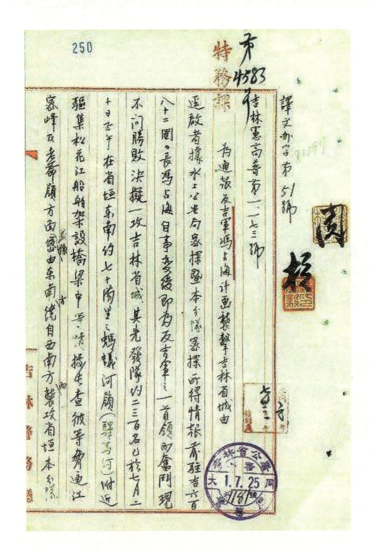

1932年9月10至12日，冯占海率大军围攻吉林市。久攻不下，伤亡甚重，不得不撤出战斗，折路西行。图为伪吉林宪高通报。

1932年底，冯占海所部陆续到达热河省建平县下洼镇。图为设在下洼防地的吉林抗日救国军总司令部（左3为冯占海，左4为基本旅旅长张纯玺）。

1933年1月，冯占海所部吉林抗日救国军正式改编为国民革命军陆军第63军，冯占海任中将军长，军下暂编91师一个师，冯占海兼师长，继续抗战。图为冯占海检阅部队。

抗日英雄田霖。

田霖（1900—1933），吉林省人。九一八事变前，驻防新站。1932年3月，率领全营爱国官兵起义，成立东北民众抗日救国军并任司令，在吉敦线游击区等地开展抗日斗争。同年7月率部加入冯占海领导的吉林抗日救国军，任第16旅旅长。1933年7月29日，在清原县兰木桥一带与日军发生激战，在敌人猛烈的炮火轰击下，不幸中弹牺牲。2015年8月24日，被列入民政部公布的第二批600名著名抗日英烈和英雄群体名录。

1932年3月，田霖在新站率部起义，宣布抗日。

田霖兵营旧址。

吉林人民自卫军今天成立了，咱们这支队伍只有一个宗旨，就是打鬼子、保卫家乡！

——田 霖

少年时代的苏剑飞

苏剑飞（1907—1935），吉林省双城县（今属黑龙江省）人。1926年至1931年在吉林省防军第27旅当兵，任排长。1932年率部参加该旅田霖营起义，加入田霖领导的东北民众抗日救国军。田霖牺牲后，苏剑飞带领余部继续抗日。1933年10月，率部与海龙游击队合并。9月，改编为东北人民革命军第一军独立师南满第一游击大队，任大队长。后任东北人民革命军第一军江北共同指挥机关总指挥兼南满第一游击总队大队长。1934年，加入中国共产党。1935年4月，在抚松县高四爷小山突围战中牺牲。2015年8月24日，列入民政部公布的第二批600名著名抗日英烈和英雄群体名录。

新站起义后，田霖部将奶子山煤矿的部分机器搬到新街基，组织煤矿工人修理枪支，制造地雷、手榴弹。图为奶子山煤矿。

用生铁制造的地雷。

新街基旧址。

田霖部活动在吉敦铁路沿线，是威震敌胆的"铁道游击队"。1932年8月，田霖率领救国军在白石山站以西捣毁日军兵车。

白石山伏击战旧址。

白石山伏击战

1932年8月的一个夜晚，田霖部把自造的地雷埋放在白石山以西的铁轨下，铁路两边布置好了伏兵。次日晨5时左右，日军兵车由东向西疾驶而来，触发地雷，当即脱轨倾覆。苏剑飞指挥伏兵乘势密集射击，不到半小时把60多个日军官兵全部消灭。获枪30余支，子弹数千发，并搜获望远镜、地图、手表等。这是田霖起义以来进行的第一次战斗。首次获得胜利，使田霖部增强了信心，同时也使日伪大为震惊，从此经常动用飞机在吉敦沿线侦查，以防不测。

白石山火车站原址。

夜袭警察队

　　白石山伏击战取得胜利后不久，田霖亲自带领警卫连两个排的战士，趁着浓浓的夜色，摸进白石山火车站伪警察驻地，擒住哨兵，命令哨兵带路，迅速接近伪警察队营房，一举将还在睡梦中的伪警察全部俘虏，还缴获了一批枪支弹药和电话机等物资，凯旋而归。

1932年10月19日，冯占海在农安县三盛玉主持召开紧急军事会议，救国军各路指挥、各旅旅长、各支队长、总部各处处长共30多人参加会议。图中这座仅存的青砖瓦房见证了这段历史。

会议决定："已进入农安境内各部，由冯占海带领向辽西热边转移，请求补充弹药、给养，一俟补充完毕，即东归作大规模进展；现留在吉敦沿线及榆树、五常一带牵制敌人的各部队，由田霖、王戎武二位旅长负责联络，留在原来活动区域，相机骚扰敌人，准备迎接主力东返。"

吉林文史资料第25辑

抗日将领冯占海

王希亮 谭 译

抗日将领冯占海。

"我军自宾县誓师，原定抗日计划先取哈埠，以充军实，然后沿哈长线向吉、长进取，打击敌人。后因事与愿违，乃转向哈南各县进取，先后克复数县，但终感敌众我寡，难操胜算。因此，不得不改变计划，将全军分成二部，一部仍在吉敦线及榆树五常一带，游击式战斗，一部在吉、长附近集合各队向辽热边境边整边补，再图反攻进行抗日。于1932年11月下旬我入热河部队将武器弹药抽出一部补给留在吉东抗日部队牵制敌军，候我军反攻时再行配合，并开始将各部向热河前进。"

——冯占海

田霖奉命在原游击区坚持抗日。1932年10月，在新街基、瓜茄与进犯的日伪军激战。图为当年的战斗地之一新街基船口原址。

第三编 烽火龙潭

九一八事变后，龙潭这块热土迅速燃起抗日烽火，中共党组织在龙潭地区协助反日武装建立队伍，广泛发动，宣传组织抗日活动。紧邻省城的蛟河、江密峰一带的抗日义勇军频繁出击，冯占海、王德林、田霖等抗日武装都曾在这一地区开展抗日武装斗争。风起云涌的抗日斗争给日伪统治带来冲击和威胁。

1 揭竿而起

国破家亡之时，面对凶残的日本侵略者，吉林龙潭有那么一群汉子挺身而出，抛下妻儿老小，奔向抗日前线。抗日名将宫长海、姚秉乾从这里走上抗日战场；北沙、南沙、代王砬子、双桠山……群山里活跃着反满抗日的义勇军。他们是这片土地的保卫者，他们的热血曾经灌溉过这片土地。

抗日英雄宫长海。

宫长海（1894—1938），东北抗日义勇军名将。字仙洲，祖籍山东，民国初年到吉林谋生。几次充军，几次落草为匪，成为吉林出名的土匪"绺子"头目之一。九一八事变爆发后，他联络旧部，举旗抗日，后加入冯占海的抗日义勇军，曾任吉林自卫军右路军副总指挥兼先锋旅旅长，多次重创日伪军，威震敌胆。1933年1月，任国民革命军第63军副军长兼第271旅旅长。热河失守后，离开部队。七七事变后，又组织起一支抗日队伍，1938年春，在宛平县被人杀害。

抗日英雄姚秉乾。

姚秉乾（？—？），东北抗日义勇军名将。字振瀛，报号双胜、老二哥，其人豪爽耿直，疾恶如仇，推崇杀富济贫做义匪。九一八事变后，与宫长海的队伍合成一军，报号救国军，宣示抗日保民。后加入冯占海的抗日义勇军，曾任第4旅旅长，作战勇猛，冲锋在前，连打胜仗。1933年1月，任国民革命军第63军272旅旅长。热河抗战失败后，卸任去北平居住。

1931年九一八事变后，宫长海、姚秉乾率部驻扎在江密峰，招兵买马，组织抗日。

计取枪弹戏熙洽

吉林市沦陷后，正在东北边防军25旅司令部任副官的宫长海坚决离开军队，联络旧部，组织了一支抗日武装队伍，与在江密峰一带进行抗日活动的姚秉乾武装队伍联合起来，成立了抗日救国军。宫、姚的抗日救国军让日伪统治者非常震惊，他们企图收买宫、姚的武装，于是，熙洽派员前往宫、姚驻地，许以好处，答应给枪、给弹药，意在诱降。宫、姚将计就计，佯装应允条件，带队开往蛟河境内听候整顿、改编。当得到熙洽送来的枪支弹药后，宫、姚立即宣布继续抗日，奉命尾随的一营伪军也当即哗变，加入抗日救国军。

突袭平境联队

　　1931年10月，宫长海、姚秉乾得知日军平境联队夜宿蛟河镇，准备围剿宫、姚武装队伍。事不宜迟，宫、姚迅速组织队伍，突袭蛟河镇。平境联队被打得措手不及，丢盔卸甲，狼狈逃窜。战斗胜利后，宫长海召集镇上大户开会，阐明抗日主张，征收他们的枪支、弹药。

宫长海、姚秉乾率部加入冯占海的抗日义勇军。

抗日战场上的宫长海部。

抗日战场上的姚秉乾部。

昔日缸窑。

缸窑事件

　　1931年秋，驻防缸窑附近的已被日伪改编的原东北军张学良旧部准备起义抗日。家住缸窑的中共党员隋任民向中共吉林特别支部汇报了这一情况。吉林特支派何一民到缸窑，协助隋任民工作。隋任民原系黄埔军校学生，曾参加广州暴动，失败后回家乡缸窑隐居。隋任民组织这支起义队伍建立了抗日武装反日军。后来事情泄露，只有少数人在隋任民带领下撤走。

乌拉街旧照。

宣传党的抗日主张

　　由于国民党蒋介石政府推行不抵抗政策，九一八事变后，日本侵略军长驱直入，数月间就侵占了辽、吉、黑三省。偌大国土拱手让敌，激起了中国人民的滔天怒火。中共吉林特支派党员到乌拉街、缸窑等地宣传中国共产党的抗日主张，揭露日本帝国主义的侵略行径，号召人民起来抗日。

中共满洲省委秘书长冯仲云。

冯仲云（1908—1968），抗日民族英雄，东北抗日联军主要领导者。江苏武进人，1927年加入中国共产党，历任中共满洲省委秘书长、东北人民革命军第三军政治部主任、中共北满临时省委书记、东北抗日联军第三路军总政委等职，对东北抗日联军第三路军的建立、发展和北满抗日游击根据地的建设做出了重要贡献。抗战胜利后任松江省人民政府主席。新中国成立后，任北京图书馆馆长、水利电力部副部长等职。

1933年春，时任中共满洲省委秘书处长的冯仲云在龙潭山向吉林特别支部传达《一·二六指示信》精神。

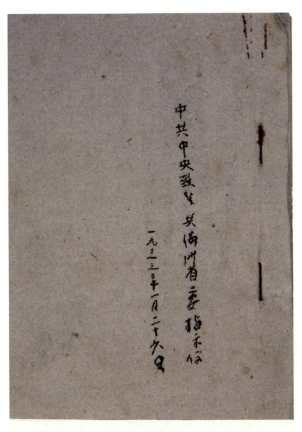

《一·二六指示信》。

《中央给满洲各级党部及全体党员的信——论满洲的状况和我们党的任务》

（简称《一·二六指示信》）

1933年1月26日，中共驻共产国际代表团以中共中央名义发出《中央给满洲各级党部及全体党员的信——论满洲的状况和我们党的任务》。号召在东北建立全民族的反日统一战线。指出"尽可能的造成全民族（计算到特殊的环境）反帝统一战线，来聚集和联合一切可能的，虽然是不可靠的动摇力量，共同的与共同的敌人——日本帝国主义及其走狗斗争"。

东北抗日救亡总会宣传部部长于毅夫。

于毅夫（1903—1982），原名于成泽，笔名洪波、逸凡。吉林双城辛家窝堡人。1920年考入同济大学预科，1927年毕业于燕京大学历史系。1933年参加革命，1936年加入中国共产党。后任东北抗日救亡总会宣传部部长、新华社华中分社总编辑。中华人民共和国成立后，历任黑龙江省人民政府主席、中共中央统战部副部长、中共吉林省永吉县委第一书记兼吉林市委书记、中共吉林省委书记处书记、吉林省政协副主席等职。

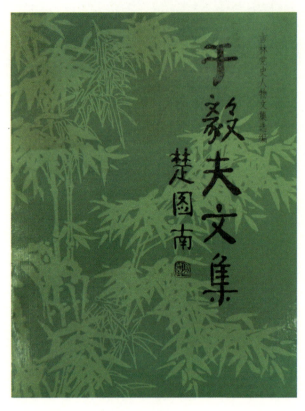

《于毅夫文集》。

沙河抗日义勇军

就在那东山里,离省城二十里附近的地方,北沙河(指江密峰南沙村一带,编者注)的山边,就有义勇军三四百人时常在那出没,他们有时候,神出鬼没地出来袭击日本军队,但是等日军来进攻时,他们又钻入崇山峻岭中,逃之夭夭。待日军过去,不知什么时候,这些爬山越岭的英雄们,又都跑出来,仍然照旧地来生活!在他们杀喜猪的时候,有时附近的老百姓还会被邀请上山去大吃大嚼。

——于毅夫

江密峰境内连绵的山岗是抗日义勇军经常出没的地方。

吉敦线从江密峰经过，吉敦铁路是东北抗日义勇军重要的袭击目标。图为江密峰火车站。

东北抗日义勇军在江密峰破袭铁路，烧毁货车、破坏机车。

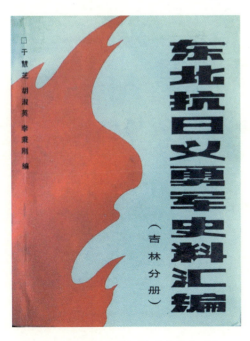

东北抗日义勇军史料汇编（吉林分册）。

为通报反吉军冯占海一派行动由
（吉警机密第一一七六号）

顷据谍报，七月六日袭击永吉县缸窑市街之反吉军冯占海一派约三百名，于该处绑架满洲国人七十名，与盘踞该地附近之兵匪二百余名合帮，七月七日窜向吉长路九站北方约五里之山谷中，有袭击吉林省城之计划等情。

（一九三二年）七月二十三日

为通报匪情由

〔吉警机密第一二八二号〕

迳启者，倾据谍报……匪首还阳有部下二百名，其势殊未可侮。近来与逼累军协力图王冯匪军之便利等情，据此查，现在江密峰老爷岭方面铁路被害甚多。皆系此等别动队计划。使官军主力集中于该方面，彼以主力自西南方面袭攻省城。至其征发木船。则系俟江水退减，以架桥材料云。

（一九三二年）七月二十六日

为通告股匪袭击吉敦路各站情形由

〔吉林宪高普第一三〇一号〕

迳启者，顷据谍报，八月十日午前一时至五时吉敦路车站四处被匪袭击其情况如下：

……

五、江密蜂（峰）站于午前一时许有胡匪四五十名出没于站南约四千米之地点。在该站北四千米地点，亦有胡匪约三百名出没并来袭击该站，即行退去。

（一九三二年）八月十日

吉林省公署警务厅呈文
呈报吉敦路轨被炸机车脱轨情形

为签报事，查股匪拆毁吉敦路小茶棚路轨事件，业经电话报告在案。旋于本日午后五点据督察官马季援报称，该员由东车站查悉，江密峰至龙潭山中间之小茶棚地方路轨不知昨夜何时被匪拆毁十余空，今早三时由敦化开来货车行抵该处即行脱轨。匪等当时即将货车烧毁一辆，机车亦被破坏，司机逃回，烧火者无踪。现由日军百余名，乘铁甲车前往修理，仍未竣事，铁路电话电报均通等情。

（一九三二年）八月十六日

东北抗日义勇军不畏强敌，奔向前线同日本侵略者作战。

抗日义勇军在行军中。

2 抗日忠侠

姜志远（1905—1960），曾用名姜成海，吉林市江密峰镇人，抗日英雄。九一八事变后，国土沦丧、家园被毁，画匠出身的姜志远出于民族义愤挺身而出，带着自己的兄弟、乡邻，在家乡拉起了一支农民武装，走上抗日战场。高举义旗，报号"忠侠"（亦报"双侠"），后加入东北抗日义勇军冯占海部，转战蛟河、五常、哈尔滨、吉林等地，坚持抗日斗争。

抗日忠侠姜志远。

姜志远与妻儿合影。

姜志远画的箱子。

国破家亡举旗抗日。

骚扰、破坏白石砬子日伪选矿厂，姜志远的弟弟姜志贤曾在这里痛打日本监工。

姜志远的孙子姜霁国。

掌掴鬼子监工

"我七爷姜志贤是我爷爷的亲兄弟,和我爷爷一块儿当了义勇军。他们经常到日本人经营的白石砬子硒石选矿厂搞袭击,夺取煤油等物资。一次,日本监工用铁钩子殴打在选矿厂干活的中国工人,我七爷知道后,找到那个日本监工,狠狠地扇了他一个大嘴巴,那个日本监工愣是没敢吱声。"

——姜霁国

姜志远率所部义勇军曾在老虎砬子驻扎。图为老虎砬子远眺。

姜志远的三儿媳张丽君。

打过哈尔滨

我们和婆婆住在一起，婆婆经常和我讲公公打鬼子的事。婆婆说，"鬼子来了，他（指姜志远三儿子姜洪恩）爸就离开了家。有一次回来，孩子玩他的枪，砰的一声，子弹从我（婆婆）的头顶飞了过去。孩子他爸在老虎碴子住过，在这打过仗，在五常也打过，还打过哈尔滨。"

——张丽君

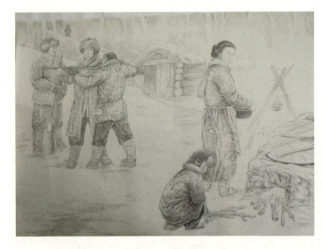

妻子程中秀带着年幼的儿子找到姜志远，和丈夫守在一起，坚持抗日。

姜志远抗日义勇军报号"双侠"。图为1932年5月，日伪档案记载：双侠等抗日义勇军在枣木林子活动。

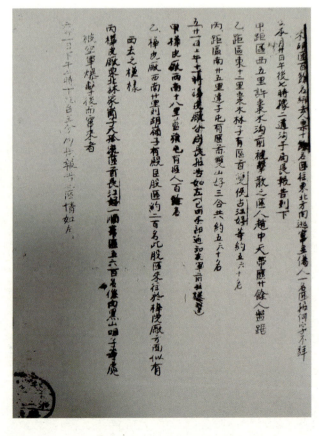

姜志远部后来加入宫长海部队，任团长，打过多次硬仗。图为参加哈尔滨保卫战。

姜霁昕找出爷爷姜志远当年缴获的留声机。

姜志远在战斗中缴获的日产留声机。

1932年9月，在向热河转移、横渡饮马河时，姜志远所部被日伪军击溃，姜志远回到双桠山，重操旧业，继续当画匠。

说到这件事，姜志远的小女儿姜桂杰心情沉重地说："没打赢，没打赢……"

因汉奸告密，姜志远被捕，关进吉林监狱，受尽了酷刑，被伪法院判刑两年。图为日伪时期监狱一窥。

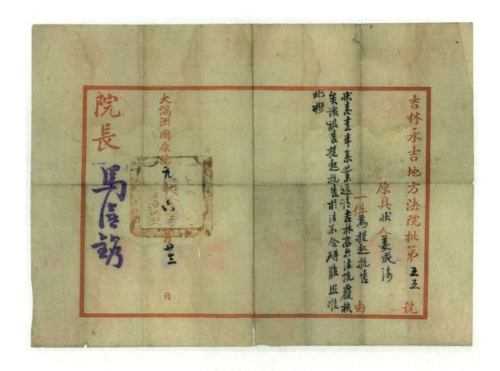

伪吉林地方法院驳回姜成海（姜志远）具状书："该被告提起抗告，于法不合，碍难照准！"

姜志远的大女儿姜桂霞。

我妈妈抱着我，到吉林的监狱看我爸爸。我妈说："你爸被鬼子折磨的浑身上下没有一块儿好地方，灌辣椒水、坐老虎凳，遭了不少大罪。"

——姜桂霞

在狱中，姜志远与王效明被关押在同一牢房，在王效明的教育影响下，懂得了许多反满抗日的道理，坚定了抗日信心，与王效明结下了难友之情。敌人对姜志远多次动用酷刑，但他坚贞不屈，不出卖战友，不出卖秘密。

抗联将领王效明。

王效明（1909—1991），辽宁省昌图县人。东北抗日联军重要将领。1955年被授予少将军衔。1930年在东北陆军讲武堂毕业，1932年参加革命，1935年加入中国共产党。历任反日救国军参谋长兼支队长、东北抗日联军第五军二师参谋长、东北抗日联军第二路军第二支队政委兼任吉东省委代表、抗联教导旅二营营长、吉林市警备司令、东北人民解放军独立十一师师长、吉南军分区司令员兼二十四旅旅长兼任长春市卫戍司令部司令员、中央军委武装力量监察部海军部主任、国家兵器工业部顾问等职。

双桠山村村民苏景斌。

藏"机"图

"在狱中，姜志远画了一幅公鸡图。打鬼子时他藏了一批军火，他把这个秘密画到了公鸡图里。不相干的人什么也看不出来，但收到画的人却能看出门道。姜志远把这幅画交给了到监狱给他送饭的人。最后，这批军火被送到了抗联队伍。"

—— 苏景斌

东北光复后，奉中共吉林市警备司令王效明之命，姜志远在江密峰组建武装，为东北民主联军输送兵力。

1966年王效明出具的证明。证明姜成海（姜志远）"在广大群众的影响之下，在他的家乡搞了点抗日武装……由义勇军一个司令名叫宫长海的收编了，姜成海当了团长。"

1975年王效明再次出具证明。

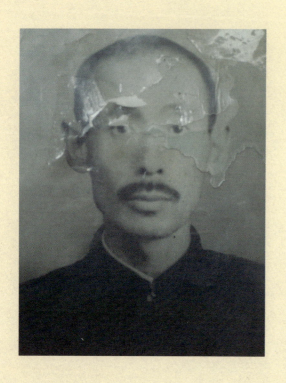

中年姜志远。1960年冬,姜志远左肩胛枪伤恶化,病逝,享年55岁。

2018年冬,龙潭区东北抗日联军历史资料征集研究工作项目组成员前往姜志远墓拜谒。

小孙子姜霁含在爷爷姜志远的墓碑前摆上水果、糕点，送去哀思。

龙潭区东北抗日联军历史资料征集研究工作项目组成员向姜志远墓三鞠躬，表达对抗日英雄的崇高敬意。

夕阳之下，墓地静谧庄重。

墓地上，那棵松树傲然挺立。

第四编 大山作证

东北沦陷期间，江密峰是东北抗日义勇军的活跃地区。1933年前后，一支抗日义勇军从蛟河、新站方向来到南沙代王碰子山区，人数最多时有100多人。他们对蛟河至代王碰子一带的民情、地情、敌情颇为熟悉，能够充分、有效地利用这些条件在大山里长期潜伏，坚持抗日斗争，直至东北光复，走进革命队伍。

1 密林深处

代王碰子山区海拔在400至800米之间，林深草密，乱石丛生，野兽出没。代王碰子抗日义勇军有着丰富的野外生存和军事斗争经验及能力，他们顺应地形地貌的特点和优势，巧妙地布设营地。营地西起吴家沟，向蛟河方向延伸，已发现密营方圆直径约 5 公里，由一号营地、二号营地、三号营地组成。有哨位、地窖子等遗址39处。

代王碰子远眺。

密营鸟瞰。

走进大山。

遍布的跳石塘。

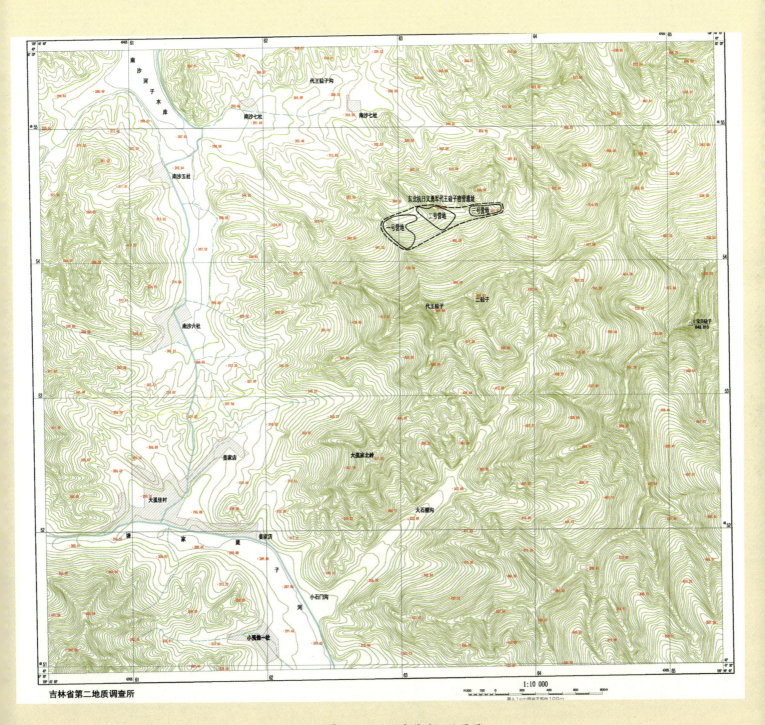

东北抗日义勇军代王砬子密营遗址位置图。

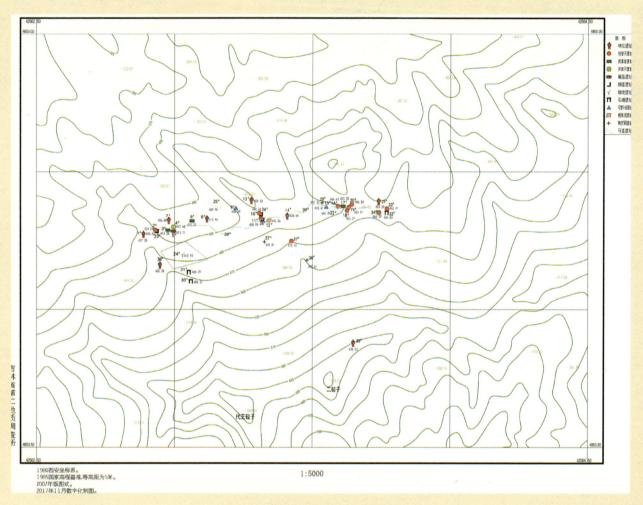

东北抗日义勇军代王砬子密营遗址分布图。

东北抗日义勇军代王砬子密营遗址分类统计表

类　别	数　量
地窨子遗址	8处
泥草房遗址	2处
马架子房遗址	2处
半地穴马架子遗址	2处
烟道遗址	3处
碾盘遗址	1处
井泉子遗址	1处
哨位遗址	6处
地窨子哨位遗址	2处
半地窨子哨位遗址	1处
物资洞（石棚）遗址	6处
黄烟地遗址	1处
马道遗址	3处
操练场遗址	1处

三个营地各自独立又相互联系，互为依托又互为护卫。最大地发挥转移、观察、射击、隐蔽、伪装、防护、通信联络和战斗指挥的效能。如发现敌情可迅速传达到每个营地，使各营地做好相应准备。如有小股敌人进犯，也可相互配合，就地阻击、消灭敌人。

地窖子

代王砬子抗日义勇军修建的有几乎没入地表下的暖窖子，地窖子里边搭建火炕。也有半地下、半地上的冷窖子。这些地窖子均位于向阳背风处，在近山岗、近水源的地方。既能满足居住休息的需要，也能在发现敌情、不利作战时，直奔山岗，迅速转移。

2号地窖子遗址（暖窖子）。海拔424.51米，南北5.7米，东西4.5米，坑深1.7米。位于温家老屋西北山岗东坡。翻过山岗，与1号遗址相呼应，换岗和通报都很方便。（西北向东南拍摄）

烟道遗址。海拔424.51米，位于2号遗址西南角，靠近山坡方向，沿着地面人工挖出沟，在上面用树皮和土遮盖，形成烟道，烟可以顺着山坡逐渐散去，不会被山下的人发现。

11号地窖子遗址，西北5.5米，东南3.7米，坑深1.35米。坑东侧有石砌残墙。（南向北拍摄）

砌筑地窖子东边墙体的石头。

在地窨子附近发现的炕面石。

在地窨子附近发现的铁锅、缸盒等残片。

发现民国时期的瓷碗残片。

铁锅沿残片

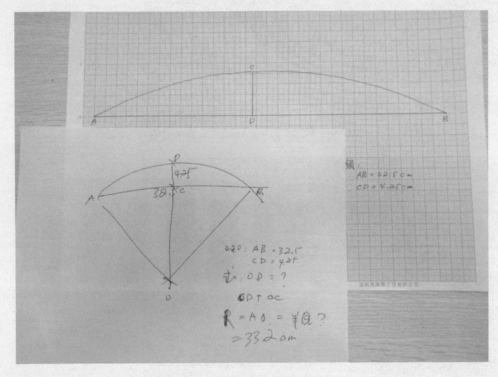

经测算，此锅为8印铁锅，可满足10人左右的用餐需要，这与附近10号、11号地窨子能住10人左右的情况是相符的。

缸盆残块。

经缸窑镇老窑工邢林环鉴定，该缸盆产于缸窑镇，生产时间距今80到100年。

同时代、同型号的缸盆。

20号地窨子遗址，海拔456.83米，南北3.55米，东西4.3米，坑深1.3米。（西北向东南拍摄）

34号地窨子遗址，海拔466.29米。前有沟塘，背后陡坡，东侧有山梁遮挡。（南向北拍摄）

6号半地穴马架子房遗址，海拔412.23米，南北4.3米，东西6米，东侧础石高0.7米。位于温家老屋东约60米跳石塘内，跳石塘上曾有木头搭设的栈道。（南向北拍摄）

泥草房

　　泥草房是代王碴子抗日义勇军用土木石修建的简易房舍，现已发现、确认2处。从遗存形态分析，三号营地的泥草房修建时间早于一号营地的温家老屋。温家老屋建于1942年，是代王碴子抗日义勇军为战士温传声、邓桂兰修建的婚房。表面看是农户住家，实际是抗日义勇军的地面据点。

温传声

　　温传声（1927—1998），代王碴子抗日义勇军战士。祖籍山东泰安，幼年随父母逃荒至吉林市。1942年在代王碴子加入代王碴子抗日义勇军，"温家老屋"男主人。经常以"开会"的名义，与代王碴子抗日义勇军外出从事抗日活动，时常多日不归。他对外以普通农民身份为掩护，外出采购物资、搜集消息、传递情报等。东北光复后务农，后去吉林造纸厂工作。

邓桂兰

邓桂兰（1925—2019），代王砬子抗日义勇军战士。祖籍山东泰安，幼年随父母逃荒至吉林市，晚年居住在吉林市昌邑区莲花。1942年与同乡温传声结婚并在代王砬子加入抗日义勇军，"温家老屋"女主人，会使枪。主要负责留守代王砬子密营一号营地，从事为抗日义勇军摊煎饼、做鞋、放马等后勤服务工作，同时负责种植黄烟和粮食作物，为代王砬子抗日义勇军补充部分经济需求。

温家老屋遗址。海拔413.28米，东北—西南长10.7米，东南—西北宽6.6米。房基基本完好，础石残高0.3米。（东南向西北拍摄）

温家老屋航拍图。

温家老屋门前院落。

4号井泉子遗址。海拔412.65米，位于温家老屋东南巨石下。（东南向西北拍摄）

在井泉子附近发现的玻璃瓶碎片。

9号马架子房遗址。海拔428.89米，东南-西北6米，东北-西南4.3米。（西南向东北拍摄）

24号黄烟地遗址。海拔442.93米，位于温家老屋南侧山坡。这片黄烟地是代王砬子抗日义勇军重要的收入来源。（西向东拍摄）

三号营地17号泥草房遗址。海拔453.28米，南北5米，东西8.56米。残存墙基东西长3.86米，残高0.43米。（西南向东北拍摄）

哨 位

　　作为一个军事组织，安全是第一重要的。已发现代王砬子抗日义勇军设立的6个哨位，分别设置在山口、路边、高地和营地连接点。居于要处，便于观察，发现敌情，利于传递信息。同时，哨位所在地也是良好的狙击点，便于设伏，诱敌深入，围而聚歼。

　　代王砬子第一哨。海拔437.28米，南北5.2米（石头宽3.3米），东西3.6米，石头高1.73米。当年，搭建以石为壁的斜向木屋。（西向东拍摄）

　　7号哨位遗址。海拔406.88米，南北3.4米，东西2.7米，石头高0.8米。位于温家老屋东北方向约百米，为突出的石包。在温家老屋遗址左下方，前方视野开阔，可以看到山下。（南向北拍摄）

　　8号哨位遗址。海拔412.94米，南北7.6米，东西4.4米，高1.5米。位于温家老屋遗址东侧，椭圆形土石包。当年是用石头围起来的哨位。（南向北拍摄）

13号哨位。海拔459.03米，南北8.5米，东西9米。位于一号营地代王砬子对面的无名山头，是相对位置最高的密营哨位。（东南向西北拍摄）

14号哨位，位于二号与三号营地之间。（西向东拍摄）

马 道

　　代王砬子抗日义勇军拥有马匹，三个营地之间开辟了极为隐秘又方便快捷的马道。马匹为代王砬子抗日义勇军的作战行动提供了速战速决的便利。当袭扰敌人据点，被敌人觉察时，他们已经撤出战斗，迅速转移到安全地带，使敌人找不到他们的行踪。

连接一号营地和二号营地的马道，迂回穿过密林和跳石塘。

连接一号营地和二号营地的又一条马道，道上有数座人工搭建的小桥。

通往三号营地的马道，海拔444.39米，由东山岗至西坡下巨石200米长，道宽0.4米。（东向西拍摄）

在连接二号营地和三号营地之间的马道上，发现一件马蹄铁。据考证，代王砬子这支抗日义勇军拥有多匹战马，以骑马远程袭击敌人的方式，开展抗日活动。马蹄铁的发现，与之相印证。

物资洞

代王砬子抗日义勇军有多处存放物资的天然洞穴、石缝。现已发现、确认的有6处。从在这些石洞、石缝发现的文物判断，物资洞内存放的物资主要是粮油盐等生活必需品及枪支、弹药。粮油盐用小口坛、罐存放，枪支弹药包裹后塞进石缝，用碎石、木棍遮挡。

30号物资洞遗址。海拔483.27米，南北4.5米，东西3.5米，高4米。30号物资洞遗址是天然形成的石棚。藏于乱石藤蔓之间，十分隐蔽，难以发现，内部干燥，是储存粮食、弹药等物资较好的地方。

31号物资洞遗址，海拔466.29米，南北2米，东西4.5米，高2米。为天然洞穴。

28号用来存放枪支的石缝。（东南向西北拍摄）

27号巨石下人工挖掘的洞穴。（北向南拍摄）

在二号营地发现的被老牛"蹬"出来的子弹壳。

在二号营地发现的被老牛"蹬"出来的炮弹。

坚持斗争

　　密营是代王砬子抗日义勇军的后方根据地，他们在这里生活居住、贮存物资、修整训练、长期潜伏，并依托密营，适时出击，相机骚扰敌人，进行隐蔽、顽强的斗争。有了密营，他们才能生存下来；有了密营，他们才能坚持到最后，迎来胜利的一天。

代王砬子抗日义勇军在操练场练兵，时刻准备出击打鬼子。图为二号营地的操练场。（西向东拍摄）

南沙村村民吴云富。

"他们有30多人，专门打小鬼子！打过新站、打过丰满，还打过江密峰。"

——吴云富

江密峰火车站。

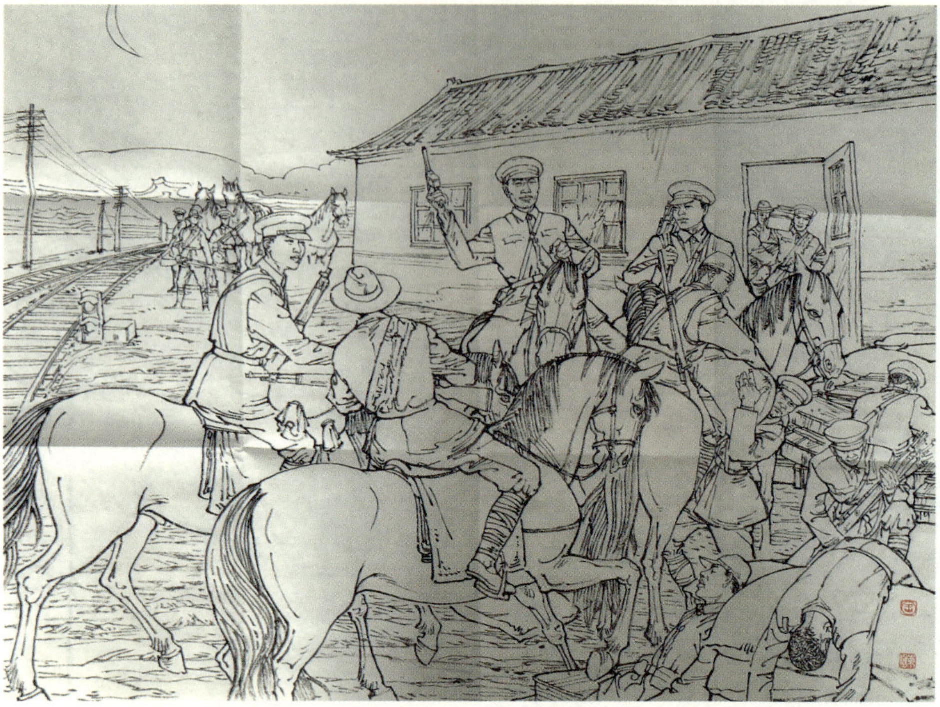

代王砬子义勇军袭击江密峰火车站。

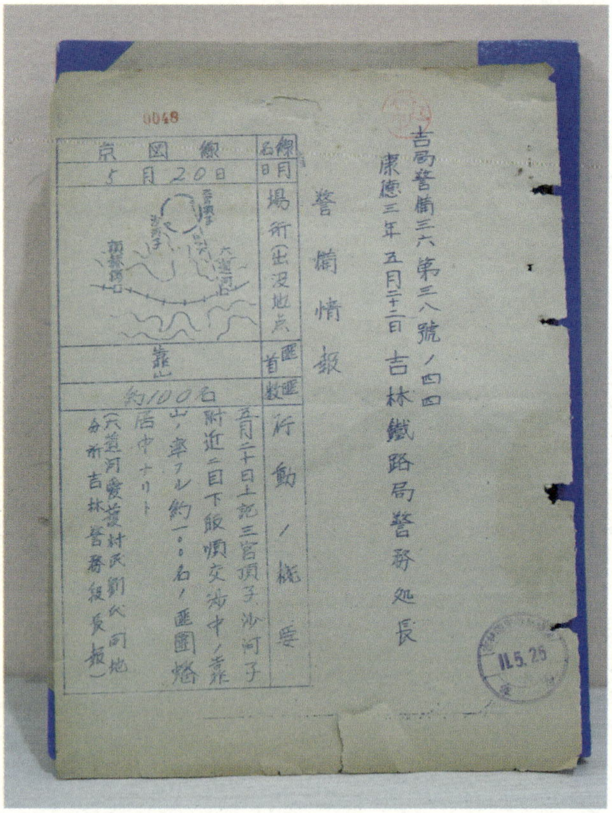

0048

吉局警備三六第三八號ノ四四
康德三年五月二十二日 吉林鐵路局警務処長

警備情報

線名	京図線
月日	5月20日
場所（出没地点）	三宮頂子 沙河子 大道河
匪首	靠山
匪数	約100名
行動ノ概要	五月二十日上記三宮頂子沙河子附近ニ目下飯順交渉中ノ靠山ノ率フル約一〇〇名ノ匪團蟠居中ナリト（六道河霞蓮村民劉氏ニ同地分所吉林警務段長報）

11.5.25

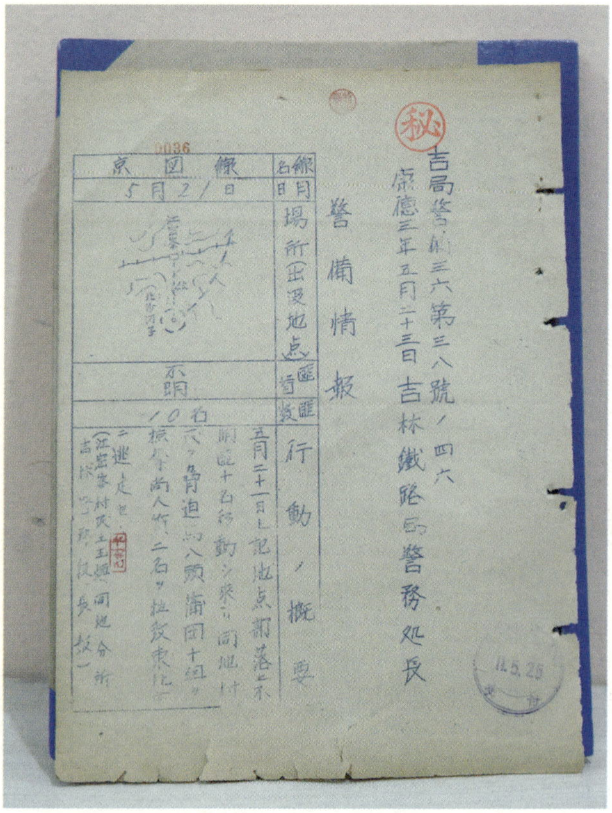

秘

0036

吉局警備三六第三八號ノ四六
康德三年五月二十三日 吉林鐵路局警務処長

警備情報

線名	京図線
月日	5月21日
場所（出没地点）	
匪首	不明
匪数	10名
行動ノ概要	五月二十一日上記地点部落ニ不明匪十名移動シ来リ同地村民ヲ脅迫シ馬八頭蒲団十組ヲ掠奪シ尚人質二名ヲ拉致東北ニ逃走セリ（江密峯村民王□同地分所吉林警務段長報）

11.5.25

《吉局警备情报》报：5月20日在三宫顶子、沙河子附近有“匪”首靠山等100名“匪”出没。

《吉局警备情报》又报：5月21日在江密峰北沙河子有“匪”10名“恐吓同地村民，携马匹8头，棉被10组以及人质2名，向东北方向逃走”。“匪”出没地点指向代王砬子。

《盛京时报》1931年12月18日报道，抗日武装"对吉敦路巡警，实行解除武装"，在吉敦线蛟河拉法间"破坏铁路，捧撤铁轨"。

《盛京时报》1932年4月29日报道，有"路匪"在吉敦线小孤家子站活动，"屡劫林场"。

南沙村村民白玉良。

"我爷爷在伪满时当甲长，他和山上的义勇军有关系，还为义勇军买过粮食。有一回义勇军打了江密峰的日本防所，鬼子尾随追了过来，义勇军的马跑得快，他们跟丢了。鬼子找到我爷爷，命令我爷爷派人带路，我爷爷派花舌子张英、张四儿带他们到东大山上转了半天，结果一无所获。"

——白玉良

1945年8月15日，日本宣布无条件投降，东北光复，东北人民欢庆抗战胜利。

2 走向新中国

代王砬子抗日义勇军经过十几年的密营斗争，对中华民族解放事业、对中国共产党有了深入的了解和正确的认识。东北光复后，觉醒的他们，在中共吉林市地下党组织的引导下，选择了与东北民主联军合作，参加剿匪斗争，直至加入革命队伍，为新中国的建立贡献力量。

1945年9月，东北抗日联军改称东北人民自卫军，周保中任总司令。10月31日，中共中央决定，以进军东北的八路军、新四军和由东北抗日联军改编的东北人民自卫军组成东北人民自治军。1946年1月14日，东北人民自治军改称东北民主联军。

中共吉林市特支第二交通站旧址，位于吉林市河南街富裕胡同。

战斗英雄肖明亮。

肖明亮（1922—2002），甲等战斗英雄。山东省博山县人。1939年于博山县加入中国共产党，并参加了由中国共产党领导的博山县大队。1943年为躲避投日新四师的强制征兵，只身到吉林市务农，后在蛟河、天岗、江密峰、吉林市城区一带以挑小挑为掩护，从事中共地下活动。1945年10月再次加入中国共产党，历任天岗区中队指导员、侦察排排长等职。东北光复后，将代王碴子抗日义勇军带进东北民主联军。1947年荣获甲等战斗英雄称号。

1946年7月，代王碴子抗日义勇军战士加入东北民主联军，为建立新中国继续战斗。图为东北民主联军徽章。

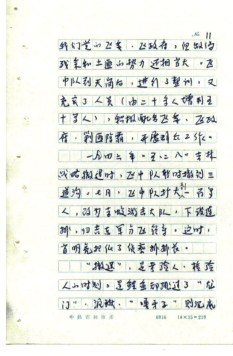

1946年，肖明亮任吉蛟大队侦察排长。图为肖明亮关于收编代王碴子抗日义勇军的回忆。

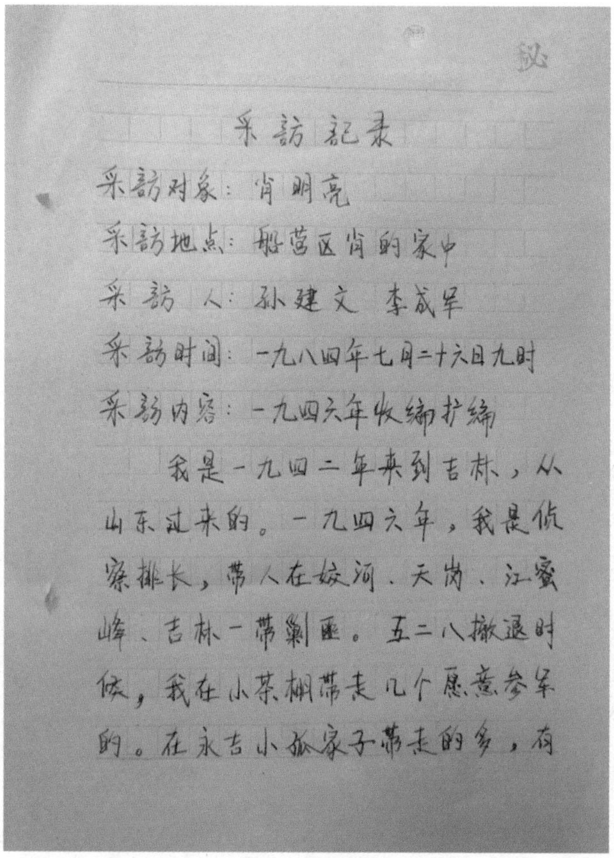

秘

采访记录

采访对象：肖明亮

采访地点：船营区肖的家中

采 访 人：孙建文 李成呈

采访时间：一九八四年七月二十六日九时

采访内容：一九四六年收缩扩编

　　我是一九四二年来到吉林，从山东过来的。一九四六年，我是侦察排长，带人在娇河、天岗、江密峰、吉林一带剿匪。五二八撤退时候，我在小菜棚带走几个愿意参军的。在永吉小孤家子带走的多，有

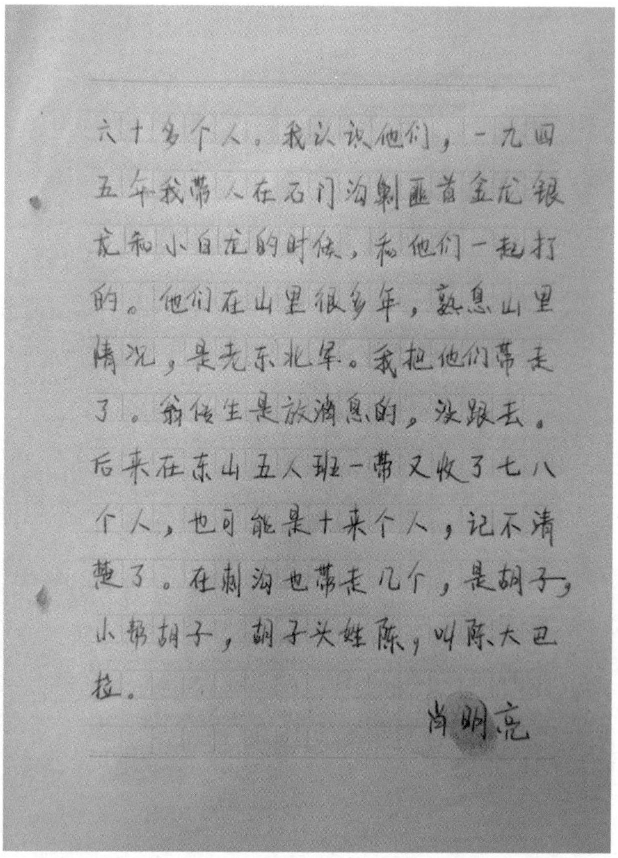

六十多个人，我认识他们，一九四五年我带人在石门沟剿匪首金龙银龙和小白龙的时候，和他们一起打的。他们在山里很多年，熟息山里情况，是老东北军。我把他们带走了。翁传生是放消息的，没跟去。后来在东山五人班一带又收了七八个人，也可能是十来个人，记不清楚了。在剌沟也带走几个，是胡子，小锅胡子，胡子头姓陈，叫陈大巴拉。

肖明亮

　　1984年，肖明亮在接受采访时，提到1946年收编了代王砬子抗日义勇军，明确指出这支抗日义勇军是"老东北军"，并提到了抗日义勇军成员"翁传生"（系采访记录者音译错误，应为温传声）。该资料收藏于永吉县档案馆。

　　代王砬子抗日义勇军，刚来到这座大山的时候有100多人，到抗战胜利的时候，只剩下30几人。他们中有的人走出了大山，走进革命队伍，走向新中国。也有的人，把生命永远留在了这座大山。代王砬子记载了东北抗日义勇军的英雄业绩，历史不会忘记，人民也不会忘记。图为代王砬子山远眺。

尾 编

1 遗址发掘

　　2019年7月10日至24日，龙潭区委、区政府邀请吉林省文物考古研究所，对东北抗日义勇军代王砬子密营遗址进行了有选择的保护性遗址发掘工作。此次发掘，一方面意在弄清遗址的形制、年代，一方面希望通过清理出的文物，为遗址定性提供进一步科学佐证。此次遗址发掘工作，由吉林省文物考古研究所考古部副主任王聪担任领队，参与发掘人员有吉林市博物馆王立民、于洪洋，龙潭区档案馆馆长于化冰，原吉林省博物院党委书记、副院长、三级研究员赵聆实，中共吉林省委党史研究室四级主任科员（原龙潭区委宣传部宣传科科长）修瑞等。

　　参加代王砬子遗址发掘工作的部分成员。左1为吉林省文物考古研究所馆员张哲；左2为德惠市文物管理所助理馆员刘浩宇；左3为项目组组长于化冰；左4为项目组专家赵聆实；左5为南沙村原党支部书记白玉良；右2为吉林省文物考古研究所考古部副主任、领队王聪；右1为吉林市博物馆助理馆员于洪洋。

代王砬子沟

遗址发掘工作分为两个区域，针对3处遗址开展，分别为一号营地的温家老屋遗址和二号营地的10号、11号地窨子遗址。其间，对10号、11号地窨子遗址附近的疑似灰坑遗址（此前发现缸盆残片、瓦盆残片、锅碴等遗物的土坡）也进行了发掘清理。图为疑似灰坑遗址。

南沙村原党支部书记白玉良在11号地窨子遗址进行发掘清理作业。

温家老屋遗址发掘现场

温家老屋遗址房基石墙一角。房基长约10米，宽约6米，石墙残高约0.25～0.5米。

遗物出土是需要一个过程的，这个过程有时甚至长达几个小时。尽管大家都很着急，恨不得一锹下去解决问题，却不得不一个颗粒一个颗粒地剥离包裹在遗物周围的泥土。用一个民工的话说："感觉比生孩子还费劲。"

温家老屋遗址全貌。

温家老屋遗址的南炕及灶。

清理温家老屋遗址时，在石基里发现的生锈锄板。

在温家老屋遗址北侧灶坑里出土的猪下颌骨。猪下颌骨的出现，说明于毅夫关于"北沙河义勇军"杀喜猪的记载是真实可信的。

在温家老屋遗址西灶附近出土的钢笔头。

在温家老屋遗址南灶附近出土的铜制带螺纹零件，直径约5厘米，疑似武器零部件。

在温家老屋遗址门口外出土的琉璃烟嘴。

　　在温家老屋遗址处，清理出镰刀头3件。据查证，代王砬子抗日义勇军在温家老屋遗址南侧上山坡，种植约一垧地黄烟。通过贩卖黄烟，换取一定的生活用品及军用物资。这些出土的镰刀头，极有可能为该支抗日义勇军当时割黄烟使用。

在温家老屋遗址内，清理出的磨刀石残片。

在温家老屋遗址内，清理出的一端带有三角头的铁钎。

在温家老屋遗址内，清理出3件铁制锄板。据邓桂兰回忆，当时代王砬子抗日义勇军在密营附近开辟了两垧左右耕地，用以解决部队粮食问题。

在温家老屋遗址内，清理出的牛蹄铁。

在温家老屋遗址内，先后清理出不同尺寸的鞋底11件，以及1件牛皮鞋跟。

温家老屋遗址西南山墙附近，清理出的缸碴。其规格形制同二号营地发现的缸盆残片一致，均为吉林市缸窑镇所产，生产时间为20世纪20年代至30年代间。

发掘清理后的10号地窨子遗址。可以清晰看到，整个地窨子分为上中下三层，每层东西方向各有一层平台，可搭设木头或木板。自上而下，三层东西平台间距递减。据判断，最上层平台用于搭建木头，植杂草铺落叶作为顶棚；中间层平台可放置生活用品等；第三层平台搭木段或木板，为床；床下空间可储物。

由于地窨子长期废弃，内部水分充足，土质肥沃，利于植物生长。图为考古清理过程中的10号地窨子遗址。一棵黄柏树生长到了遗址中，粗壮密布的根系给发掘清理工作带来很多麻烦。

在地窨子侧面发现的锅灶址。

代王砬子密营锅灶址位于东北抗日义勇军代王砬子密营二号遗址10号地窨子东南1.5米，锅灶址呈圆状，直径0.93米，火烧土厚度约0.04米，炉膛底部可见灰白色草木灰泥。从锅灶向地窨子方向连接、延伸火烧土0.3米（宽度0.18米）。锅灶址正中、锅灶址东发现不规则石头两块，疑似架锅石。

驴友在10号地窨子发现的步枪（残）。

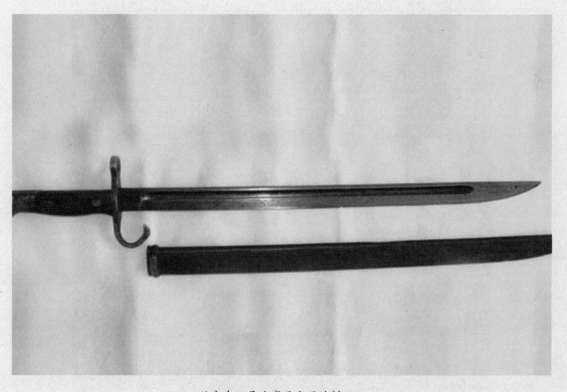

驴友在10号地窨子发现的刺刀。

出土遗物。

代王硅子遗址发掘报告

前言

代王硅子遗址位于吉林市龙潭区江密峰镇南沙村代王硅子山上，自西向东延伸，分布在直径约 5 公里的范围内。截至目前，已发现 3 座既相互独立又彼此关联的营地，其间分布有大面积跳石塘，中间有马道通联，近山岗，近水源。目前初步确认遗迹 39 处，包括泥草房、马架子房、地窨子、哨位、井泉、马道、烟道、物资洞、操练场等。龙潭区东北抗日联军历史资料征集研究工作项目组还从遗址发现、采集部分日本制造的步枪、子弹和炮弹。通过查阅敌伪档案和走访当地群众项目组推测该遗址为东北抗日义勇军于 1932 年至 1945 年所建和使用。为配合吉林市龙潭区东北抗日联军历史资料征集研究工作进一步明确该遗址的年代和性质，吉林省文物考古研究所于 2019 年 7 月 10~25 日对其进行了发掘。由于遗址分布范围较大，本次发掘仅选取了两处遗迹清理，面积约 136 平米，地点位于代王硅子山北侧，地理坐标为北纬 43°49'26.8"，东经 126°47'38.6"，海拔在 400 至 700 米之间。现将发掘成果简述如下。

图一　代王硅子遗址位置示意图

遗址发掘工作结束后，吉林省文物考古研究所出具了《代王硅子遗址发掘报告》。这份发掘报告显示，该遗址为近现代建造。其形制、选址及出土文物情况，与同一时期的红石硅子抗联密营发掘情况几乎一致。结合已有文献资料、口述资料等，可断定，该遗址确为抗战时期由抗日义勇军建设和使用。

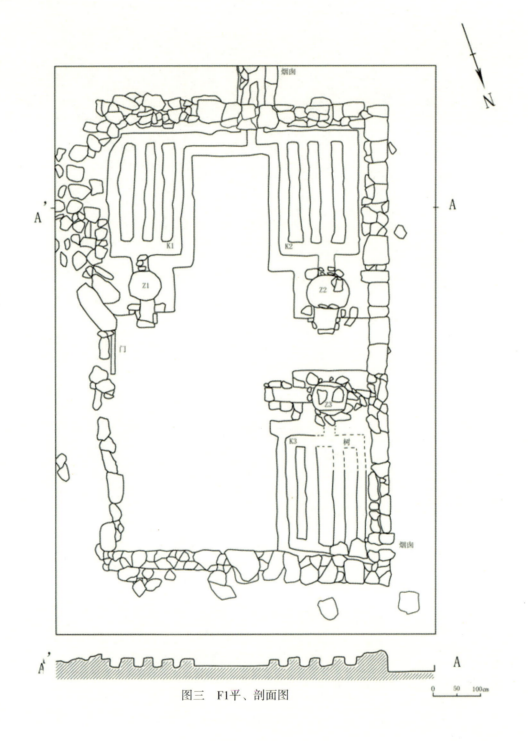

图三 F1平、剖面图

0　50　100cm

发掘报告显示，温家老屋遗址内有三铺火炕。据老屋主人、代王砬子抗日义勇军战士邓桂兰回忆，其"战友"经常来家里住。有时住不下，就从棚顶上取下备用木板，铺在地上供人休息使用。

　　该图显示为10号地窖子遗址构造情况。该遗址可分为两部分：北部为"内室"，南部为"外室"。"内室"平面呈正方形，北壁长3.2米，东壁长3.15米。东壁南端呈直角转向形成南壁，长1.18米。南部外室东壁长约2.65米，西墙整体长约5.5米，呈弧形，逐步向南收缩。该遗址根据山体地势，挖掘形成一个东高西低的半地穴式建筑，四面无人工砌墙，以壁为墙。西侧对山体的原始堆积进行了简单挖掘修整，形成西墙，北侧较高，南侧较低。在西墙的内侧，人为挖掘成台阶状内壁。同时，对西墙西部（即墙体外部）也进行了人为的简单修整，使西墙外壁呈弧形随山体向下（向西）延伸。房址内发现柱洞1个，紧邻西墙，直径11厘米、深度23厘米。柱洞东壁已被树根破坏。

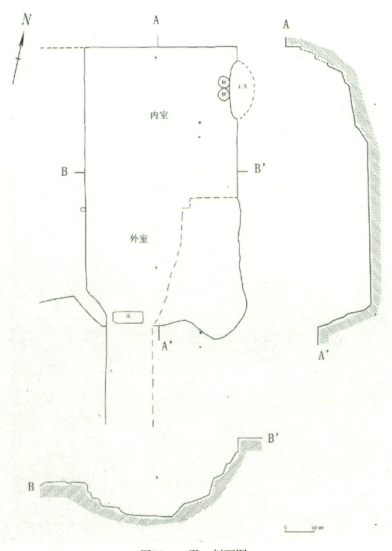

图四　F2平、剖面图

通过发掘，基本明确了房址和地窖子遗址布局及年代。该房址直接起建于地表上，其建筑方式及室内设施的分布情况与传统的东北近现代农村民居有诸多相似之处，所出遗物也与吉林地区近现代的同类器型一致，为一座近现代房址。建筑面积较大，室内火炕既大且多的特点又表明，这是一座适合于多人生活的居址，根据发掘整理和采集的实物，确定该遗址是东北沦陷期间遗存。

2 专家论证

2018年6月1日，龙潭区委邀请中共吉林省委党史研究室原征研一处处长、研究员王宜田，中共吉林市委党史研究室征研一处处长、研究员杨伟刚，以及项目组首席专家、研究员赵聆实，围绕代王砬子密营遗址进行论证，将该遗址正式定名为吉林市东北抗日义勇军代王砬子密营遗址。

论证会现场。

　　2018年9月13日，龙潭区委、区人民政府特邀包括原中共黑龙江省党史研究室副主任、研究员赵俊清，吉林大学博士生导师刘信君等在内的共10位专家，在龙潭区档案馆会议室，围绕吉林市东北抗日义勇军代王砬子密营遗址进行第二次专家论证。

论证会现场。

专家签署认定意见。

专家听取项目报告。

经过3个多小时的讨论，最终形成一致认定意见，认定该遗址为抗日义勇军密营遗址，属于革命遗址，填补了抗日义勇军历史和中共党史相关领域研究的空白。

东北抗日义勇军代王砬子密营遗址
专家论证会专家意见

一、该项目历史脉络清晰，调查严谨、科学规范，细节丰富清晰，符合史实。

二、代王砬子义勇军有较为严明的纪律，且最终加入共产党领导的部队，可以确定代王砬子密营遗址为革命遗址。

三、东北抗日义勇军是中国抗战初期的主要力量，该密营遗址的发现是一个重要发现，很具有典型性和代表性，提高了民众抗战的重要性，提高了东北抗战的地位，丰富了革命文物类型，填补了抗日义勇军历史和中共党史的空白。

四、这支抗日义勇军坚持长期抗战，时间之长不多见；代王砬子密营遗址保持如此完好不多见。

五、调查工作还要继续，要更加广泛地搜集证据和更加深入地挖掘细节，丰富基础文献史料，把工作做细做实，尽善尽美。

六、该密营遗址作为红色文化资源和爱国主义教育资源，具有较高的存史、育人价值。

七、应注重对遗址的保护。对遗址本体及遗址周边环境不做人为干扰，更不能做所谓的开发性破坏。应尽可能保持遗址原貌。建议文物部门适时安排对密营部分遗址进行发掘，适时确定相应的文物保护单位。

八、该遗址资源很稀有，也很独特，开发利用方面可以朝着建设一个有世界影响的抗日义勇军历史研究基地、抗战精神教育基地、国防教育基地、党史教育基地、红色教

育基地、不忘初心育人教育园等方向的综合性探索。

九、建议做好"四个结合"：要与吉林市丰厚的历史文化资源相结合；要把贡品贡山和自然山水风光相结合；要与吉林市之外的红色旅游景点相结合；要把经济开发和旅游开发相结合。

十、建议尽快成立一个教育基地建设筹备处，做好多部门协调，着手对遗址开发、利用进行综合性规划以及人才、资金等引进。

专家组组长王宣田 中共吉林省委党史研究室征研一处处长、研究员，中共党史、东北抗战史专家
专家签名：王宣田

专家赵俊清 原中共黑龙江省委党史研究室副主任、研究员，中共党史、东北抗战史专家
专家签名：赵俊清

专家刘信君 原吉林省社会科学院副院长、吉林大学东北师范大学博士生导师，二级教授，历史学家
专家签名：刘信君

专家赵瑞君 原东北抗日联军纪念馆馆长、吉林省图书馆馆长、研究员，东北抗战史及文物博物馆专家
专家签名：赵瑞君

专家赵聆实 原吉林省博物院党委书记副院长、研究员，东北抗战史及文物博物馆专家
专家签名：赵聆实

专家张轶峰 吉林省文化厅文物保护处处长、文保专家

专家签名：张轶峰

专家方伟 吉林省青旅投资有限公司副总经理、旅游管理专家
专家签名：方伟

专家杨伟刚 中共吉林市委党史研究室征研一处处长、副编审，中共党史专家
专家签名：杨伟刚

专家翟敬源 吉林市文物管理处副处长、研究员，文保专家
专家签名：翟敬源

专家王明春 吉林市旅游发展委员会副主任、旅游产业规划与开发专家
专家签名：王明春

2018 年 9 月 13 日

专家论证会意见。

2019年4月8日，中共吉林省委党史研究室出具了《吉林市龙潭区东北抗日义勇军历史资料征集研究成果鉴定书》，认定吉林市东北抗日义勇军代王砬子密营遗址和抗日忠侠姜志远事迹的发现，史实清楚，形成人证、物证和档案文献完整的证据链，正反两方面证据充分，具有典型性、代表性和稀缺性，填补了东北抗日义勇军历史研究和中共党史研究相关领域的空白。

中共吉林省委党史研究室

吉林市龙潭区东北抗日义勇军历史资料
征集研究成果鉴定书

中共吉林市龙潭区委员会：

《关于吉林市龙潭区东北抗日联军历史资料征集研究成果的报告》已阅。贵区根据中共中央党史研究室2016年《关于印发<东北抗日联军历史资料征集研究中心工作方案>的通知》要求，积极贯彻中共吉林省委办公厅2016年21号文件（《关于印发<吉林省东北抗日联军历史资料征集研究研究工作实施方案>的通知》）的指示精神，围绕龙潭区东北抗联历史资料征集研究工作，专门成立了以龙潭区档案馆馆长于化冰为组长、区委宣传部干部修瑞为副组长、原吉林省博物院院长、研究员赵聆实为首席专家的项目组，并下拨了专项经费，开展调查研究。

项目组通过田野踏查、调阅档案，走访当事人、见证人和知情人，在本区江密峰镇内发现东北抗日义勇军代王砬子密营遗址，挖掘出抗日忠侠姜志远的抗日事迹，并形成阶段性成果：《发现——东北抗日义勇军代王砬子密营遗址 抗日忠侠姜志远》、《见证——东北抗日义勇军代王砬子密营遗址

1

抗日忠侠姜志远调查采访实录》、长篇报告文学《密林中的脚印》和纪录片《密营寻踪——东北抗日义勇军代王砬子密营遗址 抗日忠侠姜志远探寻始末》。

根据上述工作过程和人证、物证和档案文献材料，中共吉林市委党史研究室对龙潭区委的工作和成果鉴定如下：

1. 中共龙潭区委高度重视东北抗联历史资料征集研究工作，在承担国家级课题研究中，计划周密，措施得力，聘任得人，成果丰硕，走在全省东北抗联历史资料征集研究工作的前面。

2. 东北抗日义勇军代王砬子密营遗址和抗日忠侠姜志远的事迹，史实清楚，形成人证、物证和档案文献完整的证据链，正反两个方面证据充分；专家论证符合程序，结论符合历史逻辑，实事求是，客观公正，可以认定为信史。二者的发现具有典型性、代表性和稀缺性，填补了东北抗日义勇军历史和中共党史研究的空白。

3. 东北抗日义勇军代王砬子密营遗址是与中国共产党有密切联系的红色遗址。代王砬子抗日义勇军是吉林抗日义勇军冯占海的余部，坚持斗争14年，光复后参加东北民主联军，完成了抗日义勇军到革命军队的转变。因同代王砬子密营兼具抗日遗址与红色遗址的双重性质，可以定为红色遗址。

4. 抗日忠侠姜志远是民族英雄。九一八事变后，姜志

2

远积于民族大义，毁家纾难，聚众抗日，不幸被捕，同王效明（东北抗联教导旅第2营营长、东北民主联军独立第11师师长）一起关在日伪监狱，彰显中华民族爱国主义精神和威武不能屈的民族意志。二十世纪六十年代，王效明为其作过证明，姜志远抗日英雄的身份可以确定。由于同共产党人有联系，姜志远从而有了红色身份。

5. 在江密峰一个镇内同时发现一处抗日革命历史遗址和一位抗日英雄，这在当代中国乡镇中是不多见的，因此，江密峰镇具备申报"东北抗日义勇军中国特色小镇"的独特价值和条件。

中共吉林省委党史研究室
2019年4月8日

研究成果鉴定书。

论证会结束后，专家组一行对密营遗址进行了实地考察。图为赵俊清、刘信君、王宜田等专家在代王砬子密营遗址。

专家们实地考察过程中，继续就遗址的价值意义及后续如何保护利用进行讨论。

2019年11月19日，中共吉林省委宣传部、中共吉林省委党史研究室、吉林省文化和旅游厅（吉林省文物局）联合发文，公布了《吉林省革命旧址名录（第一批）》，吉林市东北抗日义勇军代王砬子密营遗址在列。

代王砬子密营遗址被列为吉林省旧址名录。

附 录

附录1　影像辑存

项目组成员。左起：刘洺辛 赵聆实 修瑞 于化冰 王葆林 张页若 卢迪。

春季进山踏查。

夏季进山踏查。

秋季进山踏查。

冬季进山踏查。

采访南沙村党支部书记吴玉忠。

做踏查记录。

现场测量。

做踏查笔记。

在密营遗址发现抗日义勇军遗物。

登上代王砬子主峰。

拍摄代王砬子主峰。

吉林省第二地调所进行测绘工作。

航拍遗址。

记录温家老屋遗址发掘数据。

采访见证人、南沙村村民吴云峰。

采访见证人、南沙村村民吴云贵。

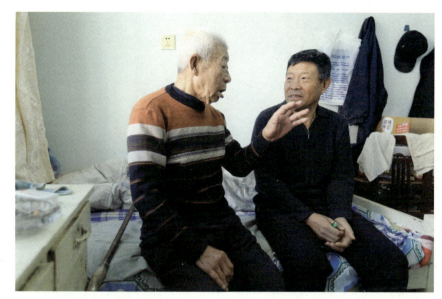

在养老院采访见证人、南沙村村民吴云富。

采访抗日义勇军老战士邓桂兰。

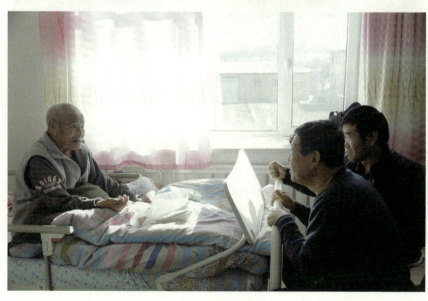

在福利院采访龙潭区籍抗日老战士李化云。

采访知情人、南沙村村民梁雅琴。

采访知情人、南沙村村民白玉良。

采访知情人、南沙村村民寇凤伦。

采访知情人、南沙村村民刘同汉。

采访南沙村村民侯国君。

采访姜志远长孙姜霁昕。

采访姜志远小女儿姜桂杰。

采访姜志远三儿媳张丽君。

在鞍山采访姜志远大女儿姜桂霞（右2）、二儿媳刘淑芬（右4）。

采访姜志远二女儿姜桂珍。

采访三家子村村民张国华。

采访南沙村村民温凤芹。

采访双桠山村村民蔡凤山。

采访双桠山村村民苏景斌。

在蛤蟆河子村采访潘家三兄弟。

在公安局查询调查线索。

在吉林市查阅档案。

在鞍山市查阅档案。

在永吉县档案馆发现新线索。

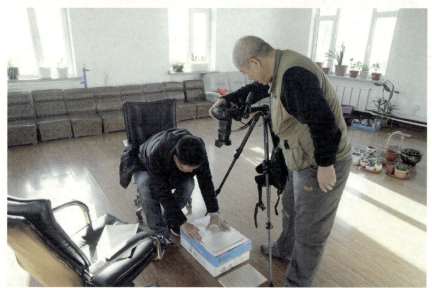

在永吉县档案馆翻拍资料。

在蛟河市档案馆查阅档案。

项目组工作会议。

项目组在省文化厅汇报工作。

龙潭区委、区人民政府领导在密营遗址考察。

吉林省文物局专家在代王砬子考察。

赵俊清、刘信君、王宜田等专家在代王砬子考察。

东北抗日义勇军代王砬子密营遗址保护利用专家论证会。

东北抗日义勇军代王砬子密营遗址调查报告会。

清明飞雪咏先烈。

吉林市电视台沈荣团队拍摄纪录片《密营寻踪——东北义勇军代王砬子密营遗址探寻始末》。

东北抗日义勇军代王砬子密营博物馆全景。

博物馆展厅一瞥。

密营复原展示区一角。

代王砬子抗日义勇军广场。

吉林省革命旧址碑。

附录2　项目组工作记事（选）

2017年

10月6日

　　于化冰和赵聆实约好十一期间上代王砬子看看。今天，江密峰镇党委副书记王春请南沙村书记吴玉忠当向导带着于化冰和赵聆实上山。上午去舒兰凤凰山寻找乌拉古碑，快中午了才开车往江密峰赶。为了节省时间，在路上买了两个面包、两瓶水，还有几个橘子，当作午餐。见到吴玉忠，正好他家有饭，就匆匆吃了一口。赵聆实带着相机，还有在金珠小店里买的铁卷尺，于化冰揣着手机，随着吴玉忠上山了。

　　初秋的代王砬子树叶没有完全掉落，红叶还很漂亮，有些树的绿叶仍在，山上空气清新，风景宜人。上山基本上没有路，吴玉忠拿着镰刀走在前面，遇到挡在眼前的树枝就砍几刀。于化冰和赵聆实跟着吴玉忠往山上走，刚走一会儿于化冰气喘得有点急，但还是坚持紧跟着，实在累了，就请求歇一会儿。不知不觉来到了第一个遗址点。一路上吴玉忠不停介绍，于化冰打开手机录音。吴玉忠回忆他小时候在山上的故事。还说起这个山，当年是老吴家买的山，如今过了90年，他又把这个山承包了。因为有家乡情结，在外多年的他又回乡当了村书记，想带着村里人都致富……

　　一路上赵聆实不时拍照，还和吴玉忠一起量尺，于化冰做记录。先后找到了一号哨位遗址、地窨子房遗址、马架子房遗址、练兵场遗址等等。吴玉忠提到驴友在地窨子遗址中曾发现两把枪，后来被截下来交给江密峰派出所了。我们穿过一大片跳石塘，石头很大，吴玉忠说，当年这些石头上有用木头搭建的可以走路的栈道，直接通到前面的一个疑似房子的地方，现在石头上的木栈道已经无影无踪。我们穿过石塘，来到了一处平坦、没有乱石头的地方，清晰地看到了有一处直角的石头，类似于房屋地基，能看出来是人工雕琢的石头房址。我们决定在这个地方三个人合个影，没有三脚架，就把相机放在大石头上，前面就是那个直角的石头房址。这是这次调查的第一个合影，就这么一张，人很小，但是很珍贵。

　　下山的时候，太阳已经落山了。快到停车的地方，远望红叶在逆光里摇摆，漂亮极了，摄影人习惯地拿起相机留下了这一瞬间。下山后，吴玉忠说南沙村附近还有个刘家大院，院墙还有部分残存，于是我们去了那里。刘家当年所有人都被枪毙了，没有后人。当年村里没有几户人家，后来就绝户了，留下来有子孙延续的就是老吴家，现在人丁兴旺。

回到市里，赵聆实还要赶回长春，于化冰开车送他到火车站，说吃了饭再走，赵聆实说还要赶时间，要尽快回去，就把中午买的两个面包拿着火车上吃了，水也没有了，就这样对付一顿晚饭，这个面包还是在金珠买的最普通的面包。赵聆实背着沉重的摄影包走进了熙熙攘攘的火车站。

（于化冰）

10月24日

早上7点，王春在市内接项目组成员。龙潭区委宣传部王建勋部长派修瑞和孙岚跟随项目组一起活动，负责摄影、摄像工作。镇里提前准备了面包、香肠、黄瓜、辣酱和瓶装水。由镇干部牛猛、张海奇背着给养，扛着30杆印有数字的红旗上山。

车驶出城区，项目组组长于化冰宣布项目组纪律和本次调查的任务。赵聆实介绍调查情况、程序、步骤。因为本项目还在调查中，结果如何还不明确，不能在自媒体等平台发布任何消息，这是项目组参与人的纪律。

早上8点多到了南沙村，一切就绪，举步登山。上山的路本来就没有，而且藤蔓、倒树纵横交错，乱石遍地，崎岖难行。即便空手走也很艰难，何况背着10个人的给养，扛着30杆红旗，可见多么不易。好在两个小伙子有劲还没有怨言，和大家一起前进。今天的向导是刘村主任，刘村主任手拿锋利的镰刀在前边开路，为后面的人提供了方便。大家从代王砬子沟入口接续而行，路旁枯树、荒草的根部似有像洁白燕窝一样的花朵，仔细一看，竟然是昨夜的寒风将山上的霜露挂在了野草小树的根部，形成冰花，逆光中看着甚是美丽。项目组的成员多数是摄影发烧友，有这样的奇遇岂能放过。边走边拍，不知不觉就在需要拐弯的地方走错了路。眼见前方就是砬子顶了，却迷路了，这就是密营所在地的大山！大家只好返回拐弯处，重新走。拐过上次吴玉忠用镰刀砍掉一块树皮的地点，往营地方向前进，刚才处处可见的白色冰花却再也没有遇见。

（于化冰）

11月24日

关于代王砬子疑似抗日义勇军密营遗址的项目调查已经进行了一个多月时间，赵聆实和于化冰都觉得应当把调查情况向区委的主要领导做一次汇报。一方面给领导一个交代，毕竟从一开始到现在，这个项目是不是抗日义勇军的密营遗址，还没有一个明确的定性。到目前为止，项目组调查到的信息都是向着肯定的方向发展。另一方面，把领导请上山，在现场进行工作汇报，更直观，也更具感染力，希望借此引起区委的足够重视。

今天气温回暖，比前几天暖了七八摄氏度，山里也只有零下10来摄氏度。山里积雪少，之前我们项目组反复进山调查，硬生生在荆棘丛和跳石塘间走出了一条路。

区委书记崔志刚随我们进山。出发前，他把组织部长孙璐、宣传部长王建勋、政法委书记郭宏浩和区委办主任谢璐也一并带了去。

赵聆实做讲解员，每到一处遗址，都结合遗址的特点、用途、意义进行讲解，于化冰做补充，修瑞随行摄影、摄像。一路上，项目组的人其实内心里都是蛮忐忑的。忐忑是因为担心区委的领导们对我们的调查进度不满意，甚至对整个项目不感兴趣。如果是这样，这个项目在今后的推进上恐怕会遇到更多困难了，也不排除搁置的可能性。而更让大家不安的是，崔志刚书记直到走到二号营地，路上始终没有表态，话都没说几句。

在二号营地的"练兵场"，崔书记终于打破了沉默。他面朝赵聆实和于化冰说："这件事情意义非凡。当然，如果这个项目做成了，未来对于咱们龙潭区搞红色旅游开发应该会有不小的推动作用。但我说这件事情意义非凡，不仅仅是从经济角度来说，那只是一个小的方面。它的主要意义在于党史研究和红色教育。在这个问题上，我们党我们国家都非常重视。这是一个很严肃的问题，我希望能够严谨对待，把事情做实。咱们得对党负责。是就是，不是就是不是。就算最后证明不是义勇军的秘密营地，大不了白忙活。但一定不能造假。"

回到村委会，赵聆实把项目组调查情况做了全面汇报。崔书记问于化冰，调查工作还有什么困难。能给解决的马上就解决，不好解决的，想办法也尽可能都解决了。于化冰说，当务之急是缺一个交通工具。三天两头往山里跑，总开个人的捷达，5个人挤一辆车，装备都放不下。

崔志刚转身跟谢璐说："把区里防洪用的那个酷路泽调给化冰他们用。"说完，朝着于化冰说："除了防洪时候区里要用那个车，其他时间你们随时需要随时用"。说完，想了想又说："是不是还需要经费。今天组织部、宣传部的两个部长都在这，我表个态，调查经费的事，区里就是再没钱，这个项目的钱也必须保证了。"

有了这句话，项目组就可以甩开膀子大干一场了！

（修瑞）

11月27日

上午11点，张页若给于化冰微信发来肖明亮的照片和履历表，但是并没有写明肖明亮在江密峰的活动，还是借出来档案仔细看吧，毕竟找到这份档案已经是非常不容易了。

于化冰到宣传部向王建勋部长汇报最近的工作进展情况，说明想拍摄一个纪录片的想法，王部长表示支持，还说要修瑞写一本书，最低10万字，部里出钱印刷发表。区委书记崔志刚对这个项目有指示，一是经费问题，二是交通工具，经费王部长负责，交通工具由机关事务局安排。

（王葆林）

11月29日

赵聆实听说已经把肖明亮的档案调出来，非常兴奋，立即决定29号赶来吉林市。肖明亮档案共计443页，陆新宇（龙潭区档案馆工作人员）用了一天时间，全部扫描完毕。

赵聆实阅读肖明亮档案，王葆林无意中低头看到于化冰翻开的永吉县志，发现一条记载：1946年2月，县保安团陈明友、赵希义，将姜志远（曾当过土匪，号双侠）率领的东北人民自治军第四总队100多人，从江密峰带到乌拉街，进行改编。真是踏破铁鞋无觅处啊。也许这个姜志远就是在代王砬子活动的那伙人？可是，不是知情者说的30多人，而是100人，但最起码可以说代王砬子确实有一支武装待过，这个很重要。晚上王葆林又认真查看，发现东北人民自治军是共产党领导的队伍，不是义勇军啊，自治军、自卫军，一字之差，谬之千里。疑团还是要解决。

（王葆林）

11月30日

早上8点，接赵聆实到龙潭档案馆。上午赵聆实在于化冰办公室查阅肖明亮档案，在一份证实材料里发现有"在江密峰过哨"的记载，说明肖明亮经常在江密峰一带活动。赵聆实激动地摘下眼镜，由于动作过大，眼镜片脱落掉在地上。他当即将发现的那页档案照片发在项目组工作群里。

上午，王葆林有事未在办公室，中午回家等我们去接，一同前往蛟河档案馆。

上午，于化冰在档案馆处理棘手的公务。

张页若腰椎病发作继续在家躺着。

修瑞在宣传部办公室，下午随人大去山前街道视察，接到出发去蛟河的电话，途中下车放下人大的视察工作和我们一同前往蛟河。

下午1点30分出发去蛟河档案馆。

龙潭区机关事务局按照崔书记的指示，派出现代越野车，卢迪上午在机关事务局填用车单，下午开车去蛟河档案馆。参加人员：赵聆实、于化冰、王葆林、修瑞。下午3点15分到达蛟河档案馆。

在档案馆受到蛟河档案局长陈力军热情接待，并将馆藏珍贵档案：伪满康德年出版的《额穆县志》和《额穆图册》拿出来让我们查阅。在馆藏历史档案目录中查到有1945至1946临时县委会议记录原件，当即调阅原件查阅。调阅蛟河市城防和保安团1946年有关文件和统计表原件。由于时间原因没有看完，决定第二天再去。

陈力军局长将党史办主任和党史办退休老专家介绍过来，还送给我们两本书。

下午5点左右我们离开蛟河档案馆，回到吉林市是6点40左右。

大家在群里发表见解，提出疑点。赵聆实和王葆林晚上继续查找资料到深夜。

于化冰将当天聊天记录截屏保留。

（于化冰）

12月1日

早上7点，卢迪开车接于化冰、赵聆实、修瑞、王葆林，一起去永吉县档案馆。

昨天在蛟河档案馆没有看完档案，很多疑团没有解开，尤其是姜志远部队到底是自治军还是自卫军，困扰大家。赵聆实一夜难眠，早上又在看《永吉县志》，发现永吉县保安团中有关于姜志远的记录，所以决定今天去永吉县，正和我昨天晚上的想法一致，于是就改变方向，去永吉县档案馆。

王晓东局长在门口热情接待，上楼直接去查档室，说明来意，查什么档案？从哪里查起？于化冰说：在永吉县第一轮志书上找到的线索，看看你们有没有当年编撰志书的依据，原始档案或者历史档案？王晓东说：历史档案不多，当年地方志倒是留下很多资料，也没有整理编目，就在那里放着，你们看看吧！也不对外开放，你们来了，自己上库里看，用哪个就调出来看吧！于化冰直接和永吉县地方志毕科长到库房查看，一看很多资料，虽然没有目录，但是档案整理得特别好。看到有抗日战争卷，还有人物卷宗，都是我们感兴趣的，于是就先拿出来抗日战争的两盒档案查阅。

打开档案盒，看见整理非常专业的档案资料，好多都是当年采访抗日战争当事人的珍贵采访记录原件以及整理件。通过查档，弄清楚了姜志远的部队番号，是在编撰的时候笔误，还有人数也有出入。随着查阅的深入，大家不断发现有价值的线索，惊喜连连。翻拍这些宝贵的资料是必须的。资料太多无法仔细阅读，只有翻拍以后回去再细细地研究。卢迪首先发现保安团手抄档案资料，很是兴奋，后经赵聆实认真阅读有很多就是我们要找的资料，正好可以回答姜志远部队番号的问题，确实是后来编纂中笔误。卢迪配合翻拍工作。

下午开始调阅人物档案卷宗，赵聆实一直是负责阅卷，因为他可以全面地查找，不遗漏我们需要的资料，王葆林负责拍照，卢迪负责翻页，于化冰负责查阅或者替换拍照和翻页。由于工作杂事太多，电话不断，影响查阅速度，很是闹心。修瑞和王葆林间歇着拍摄纪录片所需要的素材。

赵聆实下午打开一盒档案，第一眼就看见了姜志远的名字，很是兴奋，说想啥来啥好像有神仙保佑一样。陈明友、赵希义等大家期待的名字接连出现。需要拍摄的档案越来越多了，于化冰求援永吉县档案局的毕科长，帮助扫描。毕科长是个干活特别利落的人，把案卷拆开，用高速扫描仪很快就把好多卷档案扫描完毕。这样翻拍和扫描同时进行，速度大大提高。翻拍工作很辛苦，70多岁的王葆林老师一直站着拍摄，卢迪蹲着翻页，腰疼腿酸。于化冰和修瑞替换了一会，卢迪又继续。下午快4点的时候收工，与永吉档案馆的同志下楼在档案馆门口拍摄了合影。

大家一天都在发现的兴奋中，回家的路上也是彩霞满天。

项目组虽然工作辛苦，却一层层剥开了尘封了70多年的历史迷雾，当年在战场上的那些英雄人物又鲜活起来，慢慢地和我们熟悉了。因为我们的发现延长了他们的生命，多么神圣的工作！大家沉浸在工作的喜悦中，激情满满，干劲十足。线索越来越多，疑团也越来越多，可是吸引力也越来越大。

晚上回到吉林市内，赵聆实和于化冰又约测绘大队的赵峰队长商量测绘图出图事宜，决定出两张图，一张1∶10000的大图，一张1∶5000的局部小图，等高线的专业测绘图纸，并声明图纸是秘密级别文件，不得外传。

（于化冰）

12月2日

今天休息，但是都没有闲着。王老师还在研读资料，赵老师白天忙完了，回家写下周需要调查的项目安排和测绘图纸修改的事，大家在微信里聊得不亦乐乎，看来这个项目大家都着迷了。修瑞说，抓紧调查吧，一天弄不明白，就闹心。张页若躺在床上也在琢磨下周查档的事情，要周一上班，于化冰说一定好了再来，要不反复了不好治。王葆林发现肖明亮自己写的特长是"吉林二百里路我全部熟悉，是部队时当便衣认识的，现在都记好的"这个资料说明了肖明亮当年是便衣，和二大爷说的收黄烟的身份相符，符合逻辑。赵聆实说周一上山要注意保暖，高帮登山棉鞋、雪套必备！

大家在群里发表各自的建议和想法：

赵聆实：1.赵希田，永吉保安团团长陈明友警卫员，1949年后就职吉林市五金材料公司。2.刘海山，永吉保安团侦察排长（一说游击队长），1949年后先后就职于永吉银行（副行长）、新中国制糖厂。3.王影，永吉保安团号目（司号兵），1949年后就职于吉林市塑料三厂。4.张海春，永吉保安团参谋长，1949年后就职多部门，于中华医学会吉林市分会离休。

王葆林：姜志远之子姜洪儒、姜洪恩。江密峰公社双桠子大队，我去过江密峰的双桠砬子，山根有个村庄，叫双桠村（或屯）。登双桠砬子要从双桠村起步。

赵聆实：调查的事很紧迫，蛟河的线索要继续查，二大爷（吴云富）说，是肖明亮将代王砬子的人带到了12团（保安团），所以对蛟河保安团还要查。刚才把我的想法拷到群里是为了统一思想。这是一个开拓性的文化工程，要做实、做死才行。不急不行，过急也不行！轻重缓急当要科学谋划，官话就是对得起党和人民，对历史负责、对后人负责。

于化冰：查找档案的过程需要记录下来，调查日记查阅档案这一段让张页若记下来，以后可以兵分两路，这样进展还可以加速。现在最挠头的事情是资料整理，应急办法就是大家把自己的资料都整理好了，再集中保存。

赵聆实：关于测绘图，名称要统一，图上房基址、地窖子、马架房、围墙统一称营址。库房、物资洞统一称仓库（疑似）。遗址项目名称：江密峰代王砬子东北抗日义勇军密营遗址群分布图。遗址地点称谓：哨位、营址、取水地、仓库（疑似）、磨盘、马道、烟道、操练场等。姜志远是双桠山村人，在抗战前期拉起过队伍，在被捕释放后又干起画匠的活计，直到1945年又奉王效明的命令收编，活动在江密峰的各个武装。姜志远的队伍是抗日救国军，而肖明亮是便衣，活动在吉林200里，肖明亮在江密峰过哨，二大爷说肖明亮是收黄烟的，温三儿是种黄烟的，这些线索符合逻辑。但他们之间的关系还不够紧密，还不能成为一个完整的链条。假设姜志远收编的队伍里有一支是常年活动在江密峰代王碴子的那二十几个人，和肖明亮过哨，还将种的黄烟卖给肖明亮，那么姜志远和肖明亮是啥关系？这些线索被提取出来，又将如何联系在一起呢？这些关系看似很接近了，但是就无法紧密地衔接在一起，需要耐心持续地调查。

（于化冰）

12月3日

下午，赵聆实回到吉林市，研究明天的工作。原想明天去三块石或者宝贝碴子、二碴子，经过询问，现在宝贝碴子根本上不去，上三块石也很艰难，于化冰的意思就是要安全第一，不能强上。经过和王春联系，也觉得太艰险了，于化冰和王春开会又不能去，但是赵聆实还是比较坚持他的想去，想上去看看，最关键的是定位几个制高点，在图上有比较，看得清楚，能说明问题。回家后于化冰和王春通电话，联系上山的问题，期间问了双桠子村地点，于化冰记得是在江密峰的北面，南沙的代王碴子在江密峰的最南面，距离很远，姜志远是否能在代王碴子？说了姜的名字，王春没有印象，但是说到姜志远当年是画匠，王春马上就说，他知道是谁了，他认识他的孙子，就是姜志远之子姜洪儒的儿子，也是个画匠，看来祖传技艺还是有渊源的。于是决定，明天于化冰、王春开完会就出发去双桠子村。今天聊得挺多，太晚了，手机截屏，等以后有时间再整理吧。

（于化冰）

12月4日

中午12点半，于化冰、赵聆实、修瑞、王葆林、张页若、郑国辉、卢迪开车至江密峰镇政府，采访姜志远的孙子姜霁昕。在镇政府会议室，姜霁昕回忆他奶奶曾跟他讲起的关于姜志远抗日的事情，其中提到他奶奶曾被村民误称为"双枪老太婆"，并提到姜志远报号"忠侠"。姜霁昕提到一个重要线索，他二叔姜洪滨当年因为姜志远扣着"土匪"帽子不能入党，曾请抗联名将王效明出具证明，目前该证明原件还在姜霁昕的二婶手里。他二婶现住在鞍山市。

下午两点左右，项目组联系到了姜霁昕的弟弟，提出要去姜志远的坟前祭拜。到了双桠子村，姜霁昕的弟弟说他老姑家有姜志远及其妻子的照片，大家遂去了姜志远的小女儿家，见到了姜志远及其妻子的照片，并且征得同意，将照片带回，扫描后再返还。姜志远的小女儿只记得她母亲说姜志远打小鬼子，没打赢。正在采访过程中，姜志远的三儿媳张丽君突然出现。结婚来到姜家，她跟婆婆（姜志远的妻子）一起生活，听婆婆说了不少关于姜志远打鬼子的事情。张丽君说，姜志远之前出去抗日，后来妻子领着大儿子找到姜志远，随部队生活两年左右。这些人住帐篷、马架子房和地窖子，走到哪就住在哪。还说姜志远曾在老虎砬子和乌拉街打过仗。姜志远的小女儿插话说，姜志远当年画的柜子，如今还有人家留存。我们打算去看看。她还提到，她有一个80多岁的大姐，住在鞍山市。跟姜家人合影后，姜霁昕的弟弟姜霁含带着大家进山，到姜志远的坟前鞠躬祭拜。去祭拜之前，江密峰镇牛爱民书记自掏腰包安排人买了一些水果作为祭品。返回时回望姜志远坟墓的方向，上空红霞满天。返回村子，我们去了张丽君家，再次采访姜志远的事情。她说姜志远在老虎砬子打鬼子，打得激烈，好几天不脱鞋、不解开腿绑，经常住在山里，生活艰苦。她还说姜志远后来一条胳膊（记得是左胳膊）受了枪伤，回家后重操旧业画画。又提到姜志远曾带着村里两个人一起抗日，其中一个叫董德志，是姜志远的警卫员。张丽君的三儿子说还有一个警卫员叫李信，李信的亲侄李四儿就在双桠子村。后找来李四儿询问，证实李信不可能是姜志远的警卫员，年龄不符。关于董德志，据说后来在北京某军属大院居住。

返程途中，于化冰决定周六由赵聆实、王葆林、姜霁昕、修瑞四人赶赴鞍山市，查阅王效明写给姜洪滨关于姜志远相关材料证明的原件，并对姜洪滨的遗孀及姜志远的大女儿进行采访。赵聆实还提议，明年姜家人扫墓时候，做一次现场拍摄。车子返程至市区，时间是晚间6点左右。

（修瑞）

12月5日

上午9点，赵聆实、王葆林、修瑞在龙潭区档案馆402室讨论项目问题，结合前一日采访姜志远后人的情况，围绕姜志远、肖明亮与江密峰及代王砬子之间的关系进行了分析梳理。

10点左右，赵聆实、王葆林、修瑞、卢迪从档案局出发，到区政务大厅，接上江密峰镇南沙村前任村书记白玉良，携带区民政局提供的采访荣军李化云老人的函，由白玉良带路，到吉林市军队离退休干部疗养服务中心（位于欢喜乡），采访李化云。抵达住处，结果被告知李化云已转至吉林市第二社会福利院，在欢喜乡政府附近。几经问路，11点半前后才到达目的地。在该福利院2号楼，我们见到了现年94岁的李化云老人。老人精神头还算不错，居住条件理想。对于代王砬子密营的事情，老人没有记忆。不过老人说知道抗战时期，江密峰镇域内有一伙儿打鬼子的人。他唯一提到的一个人名是肖明亮，说他枪法好，隔着一条河，从五六十米之外一枪打中当时大孤家子村的坏村长的一条腿。还说江密峰境内的坏人都怕肖明亮。

从欢喜乡返回市区已是中午12点多钟，大家简单吃过饭，返回区档案馆。赵聆实、王葆林、张页若、于化冰、修瑞、卢迪就代王砬子密营遗址群相关情况采访白玉良。据白玉良说，早年间南沙村有不少从山东过来的人，在山上开荒种黄烟生活。他爷爷白俊生当年是南沙村的甲长，经常进山向这些人收租，所以对南沙村附近的山林比较熟悉。他父亲白连庆曾听白俊生说起代王砬子上那伙儿人的事情，而白连庆又跟他讲过很多次。据他父亲讲，代王砬子上的这些人应该是原来东北军的一部分。九一八事变以后，张学良退进关内，这些人未跟随，起义打鬼子。代王砬子的取名也是为了纪念这些人。白玉良说，这些人跟温三儿家相处非常融洽，经常帮温三儿家干农活儿。温三儿也经常给这些人报信。时间久了，温三儿家就成了这些人的前哨。这些人在代王砬子生活了很多年，一直到光复以后，被八路军收编。据讲，这些人专门打鬼子，主要打铁路沿线的鬼子。打过江密峰铁路沿线鬼子，也打过新站和天岗的鬼子。有一次打江密峰的鬼子，把鬼子惹急了，在后面追，经过前屯、北沙、中沙，一直到南沙村，一路搜寻代王砬子这伙儿人。引路的是南沙村的两个"花舌子"（能说会道的人），一个叫张英，一个叫张四儿。这两个人既给日本人拉道，也给中国人报信。转了半天，没找着代王砬子这伙儿人。白玉良说，代王砬子这伙儿人不抢百姓，常下山买粮买油盐，冬天则囤积一些粮食。囤粮的木头围子用一些木头搭起，再用桦树皮和毛草盖上。这些人曾经去草木沟一户董姓地主家买粮食，地主叫董长海，这些人买粮给钱。董长海说你们打鬼子保家卫国，吃点粮食怎么能要钱？结果这些人还是坚持给钱。当地老百姓对这些人评价很高。白玉良又说，他上小学的时候，有一次老师组织他们上代王砬子捡核桃，发现了一些地窖子。后来还发现过一些锅碗瓢盆。前几年有驴友拿着锹从代王砬子的地窖子里挖出枪上的刺刀和手榴弹的木把，被村里人截住，刀被截留。后来他专程上山，发现了一块一亩大小的操场，还在操场右边的山岗梁上发现过战壕和瞭望哨。又说当时代王砬子树木茂密，山上野生动物多，黑熊、野猪不少，生活条件很不好，没有老百姓在那边居住。关于肖明亮，白玉良说，他父亲给他描述的肖明亮酷似《烈火金刚》里的肖飞。是他把代王砬子这伙儿人带进八路军的。之前他父亲跟这伙儿人接触过。肖明亮带队曾经打过几次小孤家子的土匪，但是都受挫，还牺牲了几个战士。肖明亮于是请这伙儿人帮忙。这伙儿人枪法好，又熟悉山地作战，顺利剿灭了土匪。白玉良还说，抗战结束以后，南沙村附近出现一伙儿土匪，欺负老百姓。有一次一支从蛟河方向过来的侦察排发现了这些土匪，打死了两个。赵聆实告知，根据已掌握的资料看，这个侦察排的排长应该就是肖明亮。

（修瑞）

12月6日

赵聆实、王葆林、修瑞、卢迪从区档案馆出发，到铁东采访现年89岁的抗战老兵崔抗龙。崔抗龙年事已高，接受采访过程中，手臂和腿一直在抖动。他对代王砬子密营相关事情以及姜志远等人没有记忆。10点，到江机×号住宅楼×单元×楼×门采访现年91岁（差一个月92岁）的抗战老兵王奎斌。听说要接受采访，他专门让老伴找出两枚抗战勋章戴在身上。据讲，他之前获得过很多勋章，不过一部分早年被他侄子拿去换零食吃了。王奎斌说，他当年是乌拉街公拉玛村人，

18岁（实为16岁）在乌拉街参加永吉县保安团，跟着一位叫罗林的首长。1945年，罗林带着部队打过丰满，从江西岸打。鬼子一直撤退到敦化，最后被消灭。王奎斌还说，罗林曾带着他们活捉了谢文东，最后就是他所在的部队将谢文东枪毙。他还打过李华堂。关于密营的事情以及肖明亮，王奎斌不清楚，不过他知道曾经有一支200多人的队伍从江密峰被带到乌拉街，加入了永吉县保安团，带队的是一个姓姜的队长。

（修瑞）

12月9日

早上6点10分，卢迪驾私家车，携带单位的摄像机及三脚架，接修瑞后至火车站。8点半，王葆林、姜霁昕与修瑞在火车站汇合，乘坐8点49分开往鞍山市的高铁。赵聆实从长春上车。去鞍山市目的是为了查阅与此次调查项目有关的一个重要线索，即王效明写给姜志远家的两份证明材料。

11点40分左右，火车到站。姜霁巍（姜霁昕的叔辈哥哥，姜霁昕二叔的儿子）开车到火车站出站口接站。车上，姜霁巍说，他母亲手里有她自己的档案，不过档案里存有的王效明的证明材料是抄录版本，并非原件。吃饭时，姜霁巍说，他父亲的档案里有可能会有原件。赵聆实提出能不能查阅到姜洪滨（姜霁巍的父亲）的档案，姜霁巍打了两通电话，说是可以，当天下午就能查阅。吃过饭，大家便去查阅姜洪滨的档案。来到姜洪滨档案所在的鞍钢集团矿业有限公司供销公司的会议室，一位叫闵丽的女士很客气地接待了我们，在她的帮助下，顺利地找到了王效明证明姜志远的两份材料。我们带着兴奋离开供销公司，前往姜霁巍母亲家采访。此前，姜霁巍的母亲打电话，把姜霁巍的大姑（姜志远的大女儿）也约到了家里，方便我们采访。姜霁巍的大姑叫姜桂霞，1934年生；姜霁巍的母亲叫刘淑芬，1939年生。两人身体都比较硬朗。她们对姜志远的评价都是为人老实厚道，古道热肠。姜桂霞说，姜志远身高170左右，12岁就开始当学徒，学习画匠活儿，是手艺人。刘淑芬说，她父亲在她与姜洪滨处对象时候，反对她嫁给姜家，说姜家人确实都不错，不过姜志远以前当过"土匪"，成分不好，担心有后患。对于姜志远抗日的事情，她听她婆婆说，因为当时家里的一匹马丢了，姜志远外出找马，结果接受了抗日教育，没有回家，直接参加义勇军了。关于王效明，她说王效明曾到姜家找过姜志远，让他帮忙招兵。姜桂霞纠正说，王效明没有亲自去，而是派人报他的名去找的。说是当时王效明承诺任命姜志远为保安团第四团团长（实为第四大队大队长），当时村里有十来个人跟着姜志远参加了八路军（民主联军）。她还提到，有一个团长姓陈（陈明友），还有一个政委姓左（左军）。上述事情为姜桂霞亲眼所见。她也说姜志远是因为找马出去加入的救国军，是1931年的事情。后来姜志远的妻子出去寻找，因为当时没有其他交通工具，于是骑马外出，很长时间未归。所以村里人传言说她也去当土匪了，还有了"双枪老太婆"的外号。姜桂霞还说，姜志远入狱后，她母亲曾抱着几个月大的她去监狱看望过姜志远。听她母亲说，姜志远在监狱里受尽酷刑，包括灌辣椒水、上老虎凳，往嘴里灌小灰（柴草灰）。姜志远是1960年冬天在吉林市病逝的。刘淑芬说，姜志远最后的一段日子是在吉林市一家棺材铺干活，经常被店铺老板逼迫交代历史问题，很无奈和压抑。左肩曾受过枪伤，一直未好。后来枪伤变为骨结核，经常用右手托着左手臂干活。刘淑芬还说，姜洪滨当年想要入党，单位政审，因为他父亲的历史问题，不能入党。他母亲当时住在他家，他听他母亲说起王效明的事情，跟组织做了反映。组织查到王效明在北京的单位，找到了他。王效明给出了证明材料。第一次是1966年，但没起作用。第二次是1975年，这次起了作用。后来刘淑芬入党也遇到了类似问题，便抄录了一份王效明的证明材料交给工作单位。再后来退休，一部分档案交给了组织，剩下的一直在她自己手里，其中就包括抄录王效明出具的证明材料。她想着以后或许会有用，没销毁。从话语间可以看出，刘淑芬和姜桂霞，以及姜桂霞的女儿高萍等人都希望有一天能为姜志远平反。刘淑芬还说，当时姜志远加入八路军，八路军开会经常背着他，不让他参加，他心里很不是滋味。还说姜志远接受王效明的请求，在江密峰招兵，双桠子村的姜志友（姜志远的十弟）、李信、董德毅等十来个人都跟着参军了。姜志友一直随部队打到海南。

在刘淑芬家，我们看到了一张姜志远年轻时戴礼帽的照片，很帅气，可能是当义勇军时期拍摄的。

晚上，姜霁巍一家再次热情款待，并一再对我们表示感谢。交谈时，刘淑芬和姜桂霞几次不禁动容。

（修瑞）

12月18日

张页若通过老干部局，查到了肖明亮的家庭住址，虽然有电话，是座机，试拨找一下，已经销号了。为了能与肖明亮的后人接上头，从中再深入调查找到线索，决定去肖明亮住址试试，看能不能把断了的线头接上。下午，按约好的时间，在创伤医院门前汇合，去找档案上查到的地址：烽火C区。虽然找到了肖明亮后人的家，但因种种原因，没能采访成。

（王葆林）

2018年

1月26日

上午8点半，赵聆实、王葆林、修瑞、卢迪、刘洺辛从档案馆出发，到江密峰镇双桠山村，给姜志远后人送照片，并进行二次采访。在姜志远三儿媳张丽君家，见到了一对姜志远当年画的柜子。此外，在双桠山村姜霁良家里和一户村民家里，还见到了另外两只姜志远当年画过的箱子。存放在姜霁良家的那对箱子，画工精良，保存较好。此外，在姜霁良家还发现了一台"唱匣子"，是日本货，年头久远，是姜志远当年抗日打鬼子时缴获的。赵聆实让姜霁昕好生保管，意在日后用到展览之中。期间，王葆林跟着张丽君去一户村民家里看姜志远画的柜子时候，张丽君说起当年她婆婆程中秀（双枪老太婆）跟着姜志远就在蛟河天岗一带打鬼子。

下午，赵聆实、王葆林、修瑞、卢迪、刘洺辛按计划到南沙村采访董文营，了解当年代王砬子一带山里居住的山东人的情况。先到的吴云峰家，吴云峰的记忆显然比一个多月以前差了许多，思维更加混乱。吴玉林带着我们到南沙村十队找董文营，董文营担心自己说不清楚，又领着大家到同在十队的寇家。寇凤伦说，当年代王砬子周边居住的人不多，接着又对主要几户人家的姓氏及附近一带居住分布情况进行了简要介绍。赵聆实根据其介绍，画了一张草图。据这位姓寇的介绍，当年他爷爷大约是在1943年闯关东到的南沙村一带，肖明亮曾认他二爷爷寇喜荣为干爹。他还介绍，当年住在联江四队有一个大户人家姓张，而据我们了解，当年肖明亮刚闯关东到吉林市时，就是在这个张家榜青。另外，这位姓寇的和董文营介绍了一个新情况，就是在十队附近，有大量石窖，其中据说大的石窖有几垧地那么大，有的深七八米，进去极容易迷路。在这些大石窖里，曾发现过三八大盖、刺刀和日本军刀。而从代王砬子密营遗址向蛟河方向走，山路只有先通过这些石窖地区，然后在靠近十队附近并入一条山间马道，直通新站一带。由此，解开了这些人如何去往新站打鬼子这一传说的行军路线。我们计划开春时候，走一次这条路线，并且到董文营提到的那些大石窖做一番调查。大家怀疑，那些大石窖可能也是这支抗日武装曾居住过的地方。

（修瑞）

1月27日

早上8点前后，卢迪先后接上刘洺辛、王葆林、赵聆实和修瑞，到永吉县康乐园养老院看望吴云富。吴云富身体状态还不错，但是记忆比两个月前差了一些，有些之前说过的事情已经想不起来了。赵聆实拿出肖明亮和姜志远的照片请吴云富辨认，在几次提醒下，认出了肖明亮。他说他见着肖明亮的时候，肖明亮没有照片上那样胖，脸很瘦。关于如何与肖明亮见面认识的那段记忆，与前一次说得差不多。关于肖明亮，他讲了一段听说过的故事。说肖明亮当时的一个战友，老家应该是在小孤家一带。村里有一个40多岁姓霍的人，家里开店，叫霍家店。这个人向国民党报告，说肖明亮这个战友是八路军，结果国民党几个人到这个八路军家里抓人，没见着人，只有其上了年纪的父母在家。这些人给其父母动了刑，差点儿把人整死。这个八路军知道以后，跟肖明亮说了这件事情。肖明亮带着十几个战士去了姓霍的家里，没找着人，后来在姓霍的情妇家里找到了，给抓了出来枪毙了。吴云富这一次提到了一个新情况，即温三儿原名温传声，后来搬家到吉林市市区的莲花泡（十一中莲花）附近。他有个弟弟叫温传喜，仍旧住在南沙村七队。此外，他还提到南沙村十队有一个叫孙丙仁的，当年是南沙村的老户，就与寇家隔山而居，对这支抗日武装可能知情。

（修瑞）

1月31日

今天天气暖和了一点点，前些日是一年中最冷的几天。其实东北的冬天不冷怎么行，不冷就没有个性特点了。气温由零下30多摄氏度，提升到零下10几摄氏度，总算缓过来了。

资料总汇需要不断整理。把修瑞和刘洺辛录入的音像文本，编进总汇。再把以前没有按规则编写的目录题目，逐一调整。越是细化越是费工，没觉得多大一会儿工夫，其实一上午时间已经悄悄过去了。

按赵老师的说法，文件要素、顺序：时间、地点、人物、事件、结果、作者要全，新闻要素有"五W"概括，我们项目资料大概可以用"五W+A"来概括。检查所有目录，目前完全符合这六项要求者，极少。日后更正，工作量会相当大。

午餐后想躺会儿，也许因为新楼温度上不来，刚躺就感觉冷。怕感冒，没敢躺。下午按计划要与公安局方面的施主任联系，便思考并设计一下如何沟通的内容。

1点半，打电话给施主任。铃响几下，接电话是个女声，声音略有倦意，似从睡意中醒来。我问候并说明电话来意。施主任未待我说完，猛然想起似的忙说：对对对，于局长！顺势我接过来说，是的，于局长布置我跟您联系，她今天去长春了。

电话里能听得出施主任是个爽快果断的人，快人快语，直截了当。她说于局长跟她联系了，知道这件事了，她详细询问起要找什么人，为啥找他们，并说你慢点说，我记一记：叫什么名？出生日期？籍贯？于是话越说越长。我从头讲起，把掌握的情况和不掌握的情况一起跟她交流。我老实地说，这条线索，目前只知道两个人的名字——温传声与温传喜，是哥俩，大约1947年前后从江密峰下山，据说落户到莲花泡。温传喜可能还在江密峰，主要是查找温传声，如果去世的话，查找他的后人最好是能给接上头。施主任说：你说这个情况，有难度。让我想想从哪着手，这个电话我存上，有了情况我给你打电话。

大约交谈有半个小时，施主任果断、利索的态度，很负责任地承诺，她立即着手解决。让人对这条线索燃起希望。记录一下耐心等待吧。

大约4点钟，施主任电话打过来。她说：温传声和温传喜都找到了，温传声在莲花泡，温传喜在江密峰。他们都已经去世了。他们的后代都在。我告诉你：你们这么去办。于是她一一叮嘱，建议明天就去落实，怎么开介绍信，对派出所怎么说，详细具体吩咐一番。虽然有爽快利落的风格，还是流露出女人特有的仔细和精明。最后一句："去之前，一定给我打个电话！"

把这个好消息发到"吴家沟"工作群，反响热烈。在长春的赵老师很激动，从全局意识指出调查方向，并强调暂时别动南沙七社的线索；化冰从具体操作层面布置如持函和相关事项。页若请战询问可否参与。事情也许有意捉弄人，总是在感觉山穷水尽的关头，前方却突然闪出一丝光亮。

（王葆林）

2月1日

上午8点半，王葆林、卢迪、刘洺辛从档案馆出发，带着之前开好的公函，到莲花派出所查找温传声的档案。事先，于化冰已经联系好，做了安排。

到达派出所，门口有接待窗口，跟警官说明来意，让我们上二楼找他们所长。所长叫石国瑞，略胖，说话粗门大嗓，接过公函瞄一眼，简单询问一下要协助查询的内容。放下公函，冲外喊小林，跟喊来的警官吩咐：这是龙潭区的，要查个人，你看看领着找找。

到了户籍科，随着键盘的敲击，不断报出一个个姓名和地址。边说边把相关户籍资料打印出来，隔着柜台在资料上划重点线，并查出温传声的儿子温广西已报走失。

于化冰打来电话，原定工作安排调整，可以参加今天的活动。稍后，于化冰赶来，与石所长打过招呼，再致谢意。

林警官警车带路，直奔西山社区大煤气×号楼×单元×楼左门。敲门，无应。林警官说她（指温传声老伴）就住这里。这是温广西的住所。估计是上她姑娘那里了。林警官建议回所里，找她女儿的电话。

找到温传声女儿电话，联系上了，她正在银行取款，她妈在她妹妹家，稍等取回款就来派出所，领我们去。大约有40分钟，温家的女儿温凤英到。依然是林警官警车领路，在派出所很近的小区，上到楼上见到温家老太太邓桂兰。

邓桂兰，94岁。年龄户籍与实际不符，好像能差2岁，据说是报户口时虚报的，都差2岁。自己家说是1927年生人（实为1925年生人）。山东口音很重，记忆也差，细听，也能偶尔冒出一句两句似乎重要的内容。她说有个叫"一只胳膊"的人，跟温三儿一起干过，后来都跟部队走了，因为他一只胳膊，人家不要他。他特别抱屈，他觉得：我是真打呀，就是因为打鬼子打掉了一只胳膊，完了不要我了。这个人没着没落了，进山打猎，后来让熊瞎子给吃了。还有个王化恩，回山东了。解放后，温三儿他那些把兄弟有时也聚一起吃点喝点，家里也见过几回。有个叫张三儿的，不知道哪去了。

温传声女儿说，他进造纸厂是1958年，在化浆（或机浆）车间干活，直到退休。已经去世20多年。

邓桂兰说，她两个哥哥让胡子绑了，不拿钱就割个耳朵，再不拿再割一个。一个哥哥死了，叫邓连山。一个放回来了。她女儿补充说，她说的胡子，就是日本鬼子。她说那年她12岁。根据她说的内容分析，她家应该是当地老户，而温传声是后来入赘。

而温家又有兄弟5个，老大叫温传喜，老二记不起来了，老三叫温传声，老四叫温传泰，老五叫温传友。

邓家5个孩子，4女1男。顺序是：温广西、温凤云、温凤英、温凤芹、温凤莲。唯一的儿子温广西，已经有老年痴呆症状，去年七八月走失，至今没消息。

邓桂兰说了一个与他家有关的线索，温三儿有个拜把子兄弟，随了他家姓也姓温了，留下个女儿，姓温，现住南沙。

（王葆林）

2月5日

上午，赵聆实、王葆林、于化冰、修瑞、卢迪从档案馆出发，到住在岔路乡莲花附近居民楼的温传声（代王砬子的温三儿）三女儿家，采访温传声的妻子邓桂兰和温传声的大女儿温凤云。温凤云是前一天晚间从辽宁海城回到吉林市的。

邓桂兰1925年出生，年事已高，记忆衰退严重且混淆。温凤云对温传声当年打鬼子的事情了解也很少。据温凤云说，她是1952年在山上温家老屋里出生的，三四岁的时候，因为其父亲觉得在山上吃的水导致一家人普遍得了大骨节病，便举家搬到吉林市莲花泡（如今居住地）。温传声和邓桂兰老家都是山东泰安，两人系老乡。在温凤云之前，还有三个哥哥，大哥和二哥都因病在未满二十岁时候就过世了，三哥去年夏天走失。邓桂兰说，她和温传声结婚是经人介绍，温传声的母亲当初要求温传声只能娶山东籍姑娘。她是十八岁时候与当时十六岁的温传声结婚，应该是在1942年前后，结婚地点就是如今的温家老屋遗址。当时那处房子是作为婚房盖起来的，温传声的把兄弟（代王砬子这支抗日武装）帮忙盖的房。据邓桂兰说，温传声当过两三年兵，是刚结婚就当的兵。后来家里人怕他在外边打仗牺牲了，就不让当兵了，留在家里种地。对于温传声具体在外边都干什么，邓桂兰不清楚，只说温传声当时曾告诉她"好好干活儿，别出去瞎说，瞎说容易出大事儿"。她回忆说，除了她家的房子，周边没有别的房子。她家天棚上备有木板，温传声的把兄弟来家里住的时候，就把板子取下来铺在地上，大家打地铺。除了温传声的把兄弟，不让外人住。温传声当兵以前不认字，当了兵，后来竟认识了不少字。邓桂兰还提到，当时住在山上，没有挨别人抢过。温凤云回忆，家里已经搬到吉林市莲花泡（今居住地附近），温传声的把兄弟还曾去过家里相聚喝酒。他的把兄弟有留在南沙村的，赶着车进城卖黄烟，顺道去温传声家里。温凤云当时年纪不大，但是已经会烧水做饭，曾给那些人烧过水。她还提到那个一只胳膊的（疑似温传声把兄弟）人，好像姓张，后来就留在了南沙村。

（修瑞）

2月6日

上午，赵聆实、王葆林、修瑞、卢迪从档案馆出发，到江密峰镇南沙村，围绕温三儿和张拽胳膊身世经历进行采访。

出发时，给白玉良打电话，白玉良说给我们带路。但进了南沙村，与白玉良见面"几经波折"。由于他没有说清楚具体位置，我们先是拐去了二社，后又进了三社，折腾大半个小时，才终于到了八社白玉良的家里。当时白玉良家里正在杀猪，白玉良跟帮忙杀猪的人简单做了交代，便领着我们进村做采访。

第一户去的是温凤芹（与温传声三女儿同名）家。温凤芹是温传喜的女儿，温传声的侄女。温凤芹家条件一般，家里养了不少鸡鸭鹅，还养了两条狗和一群羊。屋里比较乱。关于温传声，她了解不多。不过据她讲，温传喜并非温传声的大哥，而是他的叔伯弟弟，排行老三，过世时年纪在70多岁。从温传喜的身份证来看，确实比温传声岁数小。温传声和温传喜并非亲兄弟，确实应该是叔伯兄弟。温传声在本家亲兄弟中排行老三，所以叫温三儿。而在闯关东的兄弟5个中，年龄最大，所以是这5个人中的大哥。据温凤芹说，温家人最早都住在草木沟的东迫子上，后来搬到别的山头的。20世纪50年代的时候，因为生产队不让在山上住，这才搬下山。当时温家4个兄弟都进了吉林市，温传声留在了莲花泡一带，温传泰和温传友招工也在莲花泡一带上班，温传喜后来又回到南沙村七社。提到张拽胳膊，温凤芹有印象，说是叫张凤伦，他有一个哥哥住在丰满二道沟三家子，他的两个儿子都不在了，但是有一个孙女嫁了人，还住在三家子。

从温凤芹家出来，我们去了同样住在七社的梁雅琴家。梁雅琴今年91岁，伪满洲国时期搬到南沙村住的，是当地的老户，对当地的一些事情比较熟悉。我们去的时候，她正在炕里卷着旱烟。关于代王砬子那支抗日武装，她不甚了解。但是对于张拽胳膊，却非常熟悉。据她讲，这个人确实叫张凤伦，生了一个儿子，儿子叫张鼓德。张鼓德后来娶了妻，生了一个女儿。梁雅琴说，当年她曾问过张凤伦，说你那个胳膊怎么没的？张凤伦说，是叫炮弹给炸没的。梁雅琴说，张凤伦是跟日本鬼子打仗，鬼子的炮弹炸的。张凤伦是从七社当兵走的，当的什么兵不知道，后来从部队回来，就住在南沙村七社。不过最后是死在丰满二道沟三家子。赵聆实问这个张凤伦能有多大岁数？梁雅琴说不清楚，说是他管她叫嫂子，又说可能比她大。她还记得张凤伦上山打熊，被熊舔了的事情，跟白玉良曾经讲过的差不多。她还讲，张凤伦讲话没有山东口音。我们判断，他应该是本地人，或者至少是祖上在东北居住了很多年。

之后，我们又去了刘同汉家。刘同汉是刘海的二儿子，刘海当年在吴家当长工。刘同汉的妹妹嫁给了吴云富。刘同汉今年83岁，对于温三儿的情况了解不多，对于代王砬子那支抗日武装更是不了解。但他知道张凤伦。据他说，张凤伦是国民党兵，当初"八路军"（解放军）围攻长春的时候，把他的手打伤了，后来三次截肢，变成一只胳膊。他是从湖南被送回来的。据刘同汉说，如果张凤伦还活着，应该有100多岁了。对于抗日战争时期的事情，他显然了解不多，但是他对解放战争时期的事情记忆清晰。他知道肖明亮，听说过他剿匪的事情。对于发生在南沙村附近的战斗，他比较熟悉。

从刘同汉家里出来，我们将顺了一下思路，刘同汉关于张凤伦的记忆显然存在明显矛盾。如果说张凤伦是在围困长春时候被打伤的，长春的守军后来都投降了，按理说他应该是在长春时候就被"八路军"（解放军）接收过来，怎么可能后来从湖南被送回来。所以，大家分析，关于张凤伦，梁雅琴的描述更接近真相，因为她是跟张凤伦直接对话过的，直接问的他的胳膊是怎么没的，所以她的话更可信。即张凤伦是抗日的，在打日本鬼子的时候，被日军的炮弹炸掉一只胳膊。

中午，白玉良请我们在他家里吃杀猪菜。饭后，白玉良又领着我们去了八社侯国君家。侯国君今年88岁，老家是吉林市。他证实温三儿家当年跟其他温姓家都住在草木沟东迫子。关于代王砬子那支抗日武装，他不知情。不过他说温家老二好像叫温传启。

采访结束，大家基本认定，张凤伦应该是抗日的，而且应该是温传声的把兄弟，是代王砬子那支抗日武装的一员。但可能是后期加入的，这个有待进一步查证。我们商定，明天去二道沟三家子，采访张凤伦的亲属。

（修瑞）

2月7日

上午，张页若和刘洺辛根据线索，到市劳动部门查找温传声的档案。一切顺利，如期找到，并且在档案里见到了他的照片。确如大家之前所料，在他的档案里，对于他当兵的经历只字未提。只是在他的档案里弄清了他家是1930年从山东泰安讨饭到的吉林市，最开始住在蛟河天岗一带，后来搬到南沙村。他大哥叫温传启，二哥叫温传永。大家分析，档案里对当兵经历只字未提是有顾忌的，表明他是一个谨慎的人，也恰恰说明他当兵的经历特殊，符合参加义勇军的推断。

下午，于化冰开车，赵聆实、王葆林、修瑞一行4人到丰满区江南乡二道沟村采访张拽胳膊（张凤伦）的当兵经历。出发前与江南乡一位姓金的书记通了电话，对方给安排了二道沟村的一位村副主任接待。到了二道沟村，那位村副主任带大家先到了村部，了解我们去的意图，并研究需要到哪里采访。随后，他带着大家到了村里的一个小卖部。小卖部里有三桌人在打麻将。这位村副主任的母亲也在小卖部。问起张拽胳膊，好几个人都听说过他。村副主任的母亲说，这个张拽胳膊不是二道沟村人，是邻村三家子村的，他的孙女和亲戚都在三家子村。她还说，张拽胳膊脑子灵活，在采石场卖过石头，能掐会算，会看风水会瞅面相。

村副主任带我们去三家子村，起初没有直接去村部，而是把车子停在了路边的一个小卖部门前。大家以为可以在那里顺利打听到关于张拽胳膊的事情，但事情并不顺利。无奈，大家只能离开，去了村部。在村部，一位姓王的副书记接待了我们，听了我们的来意，安排一个同志带着我们去了三家子村四社张国华家。张国华今年78岁，是张拽胳膊张凤伦的叔伯妹妹。她儿子赵永权也在家。据她和她儿子讲，张凤伦在家里排行老二，大哥叫张凤昆，三弟叫张凤祥。张凤伦属兔，如果活到今年91岁。他儿子叫张敬德，不叫张鼓德。张凤伦是伪满洲国时候从学校走出去当的兵，可能是当的国民党的兵。他人很精明，学过易经，能掐会算，后来给别人看风水看面相，卖过石头卖过鱼。他是右手没了，但是左手能够写字，还能够干农活儿，骑自行车还能带着人。打牌的时候，就盘起一条腿，把牌插在盘腿的缝隙里。据张国华说，张凤伦参加国民党部队，后来去了湖南，在湖南被炸掉了一只胳膊，后来被解放军送回吉林。当时张凤伦手里还有一份证件，后来政府的人还跟他要过那份证件。不过那份证件在他儿子出生后不久，他母亲帮着看孩子，因为眼神儿不好，孩子拉屁屁，他母亲就用那个证件裹了孩子的屁屁给扔了。期间，张国华打电话，把张凤伦的孙女张杰叫到了家里，并且带来了一张张凤伦的照片。照片是张杰结婚前，跟张凤伦两个人照的合影。照片里的张凤伦留着足有20厘米长的花白胡须，剑眉阔额，一幅仙风道骨模样。张国华说，她对张凤伦了解得不多，说是他有一个亲妹妹在山西，她肯定知道得多，就打了电话给对方。张凤伦的亲妹妹叫张桂芹，今年也是78岁。在电话里，她说张凤伦开始好像是当的国民党的兵。那时，有人到家里抓人当兵，抓的是张凤昆，张凤伦站出来替换了，这才由他代替哥哥当的兵。总共当了6年兵，1950年左右回到的家里。她回忆说，张凤伦的胳膊好像是被日本鬼子给炸掉的。但后来人是从湖北被解放军给送回到吉林市南沙村的。挂了电话，张国华说关于张凤伦的事情，他住在三家子村二社的亲侄张敬孝应该会知道一些。于是，我们在张杰的带路下，去了二社。不过没见到对方，只是在电话里做了简单采访。很显然，对方知之甚少。

从三家子村返程，大家分析，张凤伦可能确实是最初当的国民党兵，后来被俘，加入了解放军。那张被他母亲当作废纸给孩子裹屁屁扔掉的证件应该是类似于证明他当过解放军或者伤残证之类的证件。所以，他跟代王砬子这支抗日武装应该是没有关系。他跟温三儿有交集，可能是1950年以后，他回到南沙村，因为经常进山打猎，认识并相熟。至于张凤伦到底什么时候当的兵？到底有没有打过鬼子？胳膊到底是被谁打掉的？一时间还厘不清头绪。

（修瑞）

3月13日

6点20分，卢迪先后接上赵聆实、修瑞以及温传声的三女儿温凤芹和四女儿温凤莲，按照约定时间，7点准时到达龙潭山公园门前，与已经等在那里的刘洺辛一起等待其他人前来汇合。7点20分许，于化冰、王葆林、张页若、牛爱民、王春以及市电视台沈荣团队相继到达，队伍集合完毕。

由于拍摄纪录片需要，经项目组研究，区里领导同意，决定邀请沈荣团队加入项目组，负责纪录片的拍摄。当天进山的最主要任务就是纪录片雪景素材拍摄。

当日气温偏高，路面积雪开化，但仍然有积冰。去往南沙村的路上，沈荣团队的面包车在小川村域内一处上坡路段几次打滑，好在最终爬上了坡道。

8点30分许，大家到达代王砬子沟入口附近。吴玉忠、刘村主任、吴玉林带领大家进山。山里积雪深及小腿。尽管大家都穿戴有雪套，但积雪开化，潮湿度大，很快便浸湿了大家的鞋袜。加上积雪之下有冰层，不时有人滑倒，增加了登山难度。

在温家老屋遗址，温凤芹和温凤莲见到了自家当年的老宅遗址，情绪比较激动，回忆起了一些从她们母亲那里听来的关于她们父亲当年的事情。据她们讲，当年邓桂兰住在那里的时候，家里常有很多跑腿子住和吃饭。邓桂兰每每需要摊一两尺高的煎饼。温传声当年确实当过兵，经常跟那些跑腿子出去，每次出去都要很多天，不知道去干什么。据分析，应该是出去打鬼子。温凤莲说，听她母亲曾回忆说山上除了有熊，而且有时会有熊进到院子，还有狼出没。

10点半左右，大家在温家老屋遗址附近拢起柴火，缅怀抗日义勇军先烈。之后，卢迪送温家姐妹返城，王葆林、张页若、刘洺辛留在温家老屋遗址，其他人继续向前进，到达操练场完成相应的画面拍摄。

下午两点左右，大家陆续回到山下。去镇里开会的路上，吴玉忠提到了几个重要线索。一个是他的一位朋友认识肖明亮的女儿肖博，而且通过这个朋友得知，肖博家里还保留有不少肖明亮抗日战争、解放战争时期的物品，包括军服、日本刺刀等。而且肖博有可能知道一些对我们有价值的事情。第二个线索，是吴玉忠说曾有人以肖明亮为原型，写过一部小说。第三个线索是姜志远作为画匠，曾收过一位姓陆（鹿？路？）的女徒弟。第四个线索，也是非常重要的一个线索，说是张拽胳膊是花舌子，跟代王砬子这支抗日武装关系不一般，胳膊是被皇协军打掉的。说关于张拽胳膊的事情，吴云富知道。

在镇政府五楼会议室等待开会期间，沈荣、赵聆实等人找来"小太阳"烤脚，张页若不知从哪儿弄来一个电吹风，在镇纪委书屋里吹湿袜、湿鞋。

下午4点左右，区委宣传部长、组织部长先后到会，会议开始。会上，于化冰就5个月来的调查工作阶段性成果进行了简要通报，赵聆实做补充。宣传部长和组织部长对大家的调查成果给予高度肯定，并表示一定大力支持。

（修瑞）

3月14日

下午1点，按照计划，卢迪开车，赵聆实、王葆林、张页若、修瑞到昌邑区老造纸厂附近，采访在那里居住的姜志远的二女儿姜桂珍。

临行前，赵聆实给姜桂珍打了电话。我们去的时候，姜桂珍已经在家门口迎候我们。她家住一楼，家里养了一只小泰迪犬。老人今年72周岁，偏瘦，身体硬朗。对于我们的到来，老人很是热情，并且几次提到听说我们去到双桠山村，向她父亲的坟茔鞠躬的事情，连声感谢。

这次采访，按照赵聆实老师的说法，其实并没有奢望，只是想把姜家人的采访做得更全面一点。但这次采访着实是有意外的收获。其一，据姜桂珍回忆，她二叔曾跟她讲起过，当年他曾和姜志远一起去攻打过"哈拉滨"（哈尔滨），这给姜志远抗日事迹提供了具体依据。其二，姜桂珍提到，她父亲当年起义抗日时候，并不是一个人，而是至少带着她二叔姜志超和四叔姜志春一起出去打鬼子的，这在一定程度上表明姜志远当时不是出去参加义勇军，而是自己拉起了抗日队伍。目前，姜志超的孙子姜霁国还在双桠山村。其三，姜桂珍小时候见过姜志远的那部留声机，而且常听，但不知道从哪里来的，或许可以说明那东西不是买的。其四，在双桠山村南街的孙福明（姜霁明丈人）家里还有一对姜志远画的箱子，据说保存完好。

姜桂珍还说，当年家里有一匹瞎马，一只眼睛瞎了。母亲程中秀就是骑着那匹马出去找抗日的姜志远的。姜志远后来被鬼子抓去后，遭遇皮鞭蘸凉水、灌辣椒水等逼供，始终不招供。解放以后，尽管姜志远肩上有伤，当年被鬼子刑讯逼供也做了一身病，但一大家子十几个人需要养活，不得不继续画箱子画柜，外出挣钱。去年她还梦见过姜志远回到家里，她问他有病还没治好怎么就回家了，还去不去医院了。姜志远说还去呢。赵聆实突然想起姜家后辈有一个娶了外国媳妇的，问叫什么名字，姜桂珍说他父亲叫姜霁伟。另外，姜桂珍还提到了她十叔姜志友，说他参加过抗美援朝。

"要是小鬼子又来了，我肯定去打鬼子。"姜桂珍说。

关于姜桂珍的回忆，我有一个疑惑：姜志远当年拉起抗日义勇军队伍，这其中既然有姜志超和姜志春，那么后来姜的队伍被打散了，姜志远回到老家，姜志超和姜志春去哪儿了？如果也一起回了老家，为什么关小胡告发，只把姜志远抓了，而不是抓姜家哥仨？即便关小胡只告发了姜志远一个人，鬼子是很奸猾的，不可能在一个不大的屯里，打听不出另外两个人也参加义勇军的事情。所以我怀疑，姜志远回家了，但姜志超和姜志春没回去。如果没回去，他们去哪儿了？会不会留在外面继续组织人员抗日？希望这个问题能通过找到姜志超的孙子姜霁国，得到解答。

（修瑞）

3月16日

7时30分，卢迪准时接上王葆林、赵聆实和修瑞，从市区出发，去往永吉县康乐园养老院，采访吴云富老人。之前已与吴玉忠进行沟通，吴玉忠表示同去，汇合地点就在养老院。

天气晴好。车子到达养老院是8点40分左右，吴玉忠和刘村主任已经提前到达。

吴云富精神头还算饱满。采访直奔主题：询问张拽胳膊到底当的什么兵？胳膊是怎么没的？吴云富认识张凤伦，说张凤伦参加的是中央军。根据吴云富回忆，当时国民党在小孤家村三家子村附近征兵，张凤伦可能和当时住在小孤家村三队大石棚沟的赵校长（原名赵景瑞）一起参加的国民党的部队。共产党初期占领吉林市，国民党攻打吉林市，在攻打龙潭山时候，赵景瑞被打掉了左手，而张凤伦也是在那场战斗中被共产党的部队炸掉了右手臂。吴云富又说，当时攻打龙潭山的是国民党的六十军。至于伪满时期，张凤伦干过什么事情，是否参加过抗日反满活动，吴云富不知情。

赵聆实问起温传声的事情，吴云富说当时代王砬子附近除了温传声家，还有一家姓潘的也住在代王砬子，离温传声家不远。这户姓潘的人家，男的叫潘祥（音），好像是后来搬去了下蛤蟆河子，可能有后人留下。

吴云富还提到两件事：一个是大石棚沟解放前曾住过长白军，一个大石棚里能住几十个人；另一件是当初在南沙村十社（好像是）发现了一些枪、弹壳之类的东西，枪被收走了，收枪的人叫孙柄义（音），现在住在十社的寇凤伦是孙柄义的外甥。采访寇凤伦或许可以对当初那些被收走的枪的下落有所了解。

（修瑞）

3月23日

晨，卢迪开车，先后接上赵聆实、修瑞、王葆林和刘洺辛，到江密峰镇双桠山村，采访张丽君和姜霁国。根据之前的调查线索，姜志远当年举旗抗日，二弟姜志超和四弟姜志春也跟着一起出去打鬼子。姜霁国就是姜志超的大孙子。此行希望能从姜霁国口中了解到一些关于当年姜家抗日的事情。

据姜霁国回忆，他爷爷姜志超和四爷姜志春当年确实曾跟着姜志远一起出去打鬼子。姜志超和姜志远的妻子程中秀是同年生人。根据推算，应该是1909年生人。听说是攻打过哈尔滨，具体情况他不清楚，而且知之甚少。不过他提供了另外一个线索，他的七爷（姜志远和姜志春的亲弟弟）姜志贤当年也随姜志远一起出去打鬼子了。姜霁国说，姜志贤脾气比较大，有血性、有骨气。他提到一个细节：当年在吉林市城区附近（好像），有一个日本鬼子欺负姜家人，听说是拿铁钩子之类的东西勾伤了某个人的脑袋（可能是姜家人，也可能是普通的中国老百姓），姜志贤气不过，伸手就给了那个日本鬼子一个嘴巴子。后来发生什么，他没说清楚，只说是把姜志贤给抢回来了，没被日本鬼子给报复。姜霁国还提到，姜志贤（可能还有别人）对日本鬼子的设施进行破坏，曾在夜里偷日本人的柴油回家当煤油，在白石矿干破坏输电线之类的事情。

关于姜志远，张丽君回忆，说当年她婆婆曾跟她讲过，姜志远被抓进鬼子监狱的时候，婆婆（程中秀）变卖家中的金银首饰，花钱打点，才把姜志远给"赎"出来的。她还听婆婆说，当年姜志远带着人主要在天北一带活动，婆婆随部队生活。"文革"时候，双桠山村当时的村书记刘某曾带头批斗姜家，说姜志远是胡子头儿，是反革命分子。姜家被逼无奈，让住在鞍山的姜洪滨把当年王效明写的证明姜志远抗日的材料寄回村里。如此，姜家才免受人欺。另外，据她讲，她儿子姜霁含当年（约20年前）曾卖过干豆腐。在江密峰镇一个叫岗子（据说如今叫龙嘉）的一个地方，距离下江村不远，卖干豆腐时候，一个姓刘或者姓王的老人问他哪里人姓什么，后来问他认不认识姜志远，得知他是姜志远的孙子，便说起姜志远"那可是个厉害人物，打日本子可厉害了"。

另外，据姜霁昕回忆，他母亲说，"文革"期间（或者"三反""五反"期间），有工作队进村调查姜志远"当胡子""反革命"的事，曾到姜霁昕家里，看见家里挂着姜志远的照片，就说姜志远是胡子头儿，是反革命，怎么能挂他的相呢？要求把相片摘下来。

（修瑞）

3月30日

昨天15点下楼，跟于局核定了一下第二天工作内容。页若问这几天的工作安排，问去不去公安局。

早近8点，于局用他家车让老公接送我们，再接赵老师，一起到公安局。

公安局新楼气势宏伟。通过收发室确认后，到1229房间，见到施佳彤主任。说明我们的请求，赵老师写下我们要查找的姜志远。

此行没有找到需要的资料。

修瑞从王春书记那里知道了一个重要线索。潘祥叫潘福祥，可以证实，潘曾救过肖明亮的命。我听到这个线索很兴奋，因为肖明亮与姜志远终于第一次有了交集！也许这个线索能有新的突破。这几天要抓紧采访，因为清明之后，春耕开始，农村根本找不到有人闲着了。赵老师也是这个意思。明天周六也得下乡，周一、周二两天再接着采访。

化冰想参与采访，不知道在时间上能否摆布开。明天7点30分接赵老师，依次接人下乡。期待明天。

（王葆林）

3月31日

上午8点，于化冰、赵聆实、王葆林、张页若、修瑞、卢迪和刘洺辛，及沈荣团队的丁传江、李朋举在龙潭山公园门前集合，去往江密峰镇蛤蟆河子村采访潘福祥的后人。

在此前采访吴云富过程中，吴云富提到一个叫潘祥的人伪满时期在代王砬子住，后来搬到蛤蟆河子村。知道这条线索后，请王春帮忙打听，得知潘祥原名潘福祥，已经过世，不过有三个儿子在，都住在蛤蟆河子村。

见到潘福祥三个儿子之前，据王春说，他请蛤蟆河子村的村主任王玉革帮忙打听，王玉革并不知道姜志远和肖明亮这些名字。他问潘福祥的大儿子，对方自己提起这两个人名，说是潘福祥当年救过肖明亮，和姜志远是磕头的拜把子弟兄。这一信息令大家振奋。这是过去几个月时间调查以来，第一次把姜志远、肖明亮和代王砬子同时联系起来。

在潘福祥的大儿子家里，我们见到了潘福祥的三个儿子。由于家里正在大修房子，不便在家里做采访，便把采访地点换在村部。

关于潘福祥如何解救肖明亮，潘占明回忆说，潘福祥当时还住在代王砬子，有一次要去大孤家子一个姓冯的地主家借钱，路上（应该是在山里）遇到四五个土匪绑了一个年轻人。潘福祥出手，将几个土匪撂倒，让年轻人逃了。后来才知道，这个年轻人叫肖明亮，当了八路军。解放以后，肖明亮到南沙村找过潘福祥，但那时潘家已经搬走。

潘占明说，潘福祥当年在代王砬子的时候，有七八个磕头拜把子的弟兄。潘福祥排行老七，大哥姓姜（有可能就是姜志远）；二哥姓陈，大家叫他陈三晃；老三老四是哥俩，都姓李，天岗人，都是风水先生。潘福祥与姓姜的大哥三次磕头拜把子，曾告诉潘占明哥几个，如果他在代王砬子住，那些把兄弟来家里，不许怠慢，必须像恩人一样对待。尤其是姓姜的大哥，说如果姜大哥在潘福祥家里死了，就埋在潘家，如果他死在姜大哥家，就把他埋在姜家。潘占明曾见过潘福祥把兄弟中的大哥二哥和三哥四哥，他们曾来过家里。潘占明十多岁的时候，潘福祥姓姜的大哥曾到过潘家，之后再没见过（推算时间，应该是20世纪50年代末的事情）。

潘占明说，当年在代王砬子上住的还有两三户，有一户姓田，叫田五奎（音），有三个儿子，大儿子叫田大虎。田五奎的三个儿子常干捣乱事，经常给潘福祥家使坏。曾有一次往潘福祥家的车轱辘上浇油，车子下山会打滑。这事儿被潘福祥抓了现行，潘福祥把这哥仨撂在一块儿给收拾了一顿。

潘占明又提到，他有一个二舅，叫刘怀义，从山东逃到吉林，就住在代王砬子的潘福祥家里。住了三年，后来参加八路军走了。刘怀义参军走后，刘怀义的父母和妹妹从山东过来吉林寻找他，也住到了潘福祥家，在代王砬子上，又住了三年。刘怀义到潘福祥家时，是25岁，28岁参军。据推算，刘怀义参军时间应该是在1943年之前，这期间，潘福祥的妻子关素清于1945年病逝，享年22岁。刘怀义参军，后来在吉林市内休整时，溺亡于江里，说是下水船翻了。后来被公布为烈士。大家分析应该事发于1946年共产党撤退前夕或者1948年解放吉林后不久。潘占明的母亲比刘怀义小18岁，属兔，应该是1927年生人。潘占明的大舅刘怀珍也参加了八路军，是地下党，于毅夫在永吉干革命时候，他曾跟随于毅夫一起革命。

对于我们此次采访，三位老人显然是有顾虑，应该是有些重要的信息没有向我们透露。因为此前潘占明曾亲口向王玉革说，姜志远是潘福祥结拜大哥，而此次采访，却说不认识这个人。据王玉革说，应该是老人的儿子反复提醒老人，不要乱说话，怕有些信息透露出去可能会对潘家造成负面影响。潘占明的儿子还专门给王玉革打过电话，不希望接受采访。这让大家怀疑，潘福祥可能确实有不少秘密，比如很可能曾当过"胡子"（义勇军）。大家分析，几个胡子抓住肖明亮的时候，显然不应该是空手，而是应该身上有家伙什的。而潘福祥能空手撂倒四五个带着家伙什的土匪？很可能他身上也有家伙什，比如枪。再有，如果潘福祥只是一个贫农，能去地主家里借到钱？按理说，能从地主家里拿出钱的人，要么是土匪，要么是当兵的。所以，潘家的线索还得深挖。

（修瑞）

4月2日

阴天。上午，卢迪开车，先后接上赵聆实、修瑞、王葆林和刘洺辛，去丰满区三家子村做调查采访。采访对象仍然是张国华和张杰。

车子行驶到雾凇宾馆附近的时候，路上开始严重堵车，一直堵到江南陵园入口附近。有车子载着烧纸加塞超车，大家才想起来，马上要清明节了，人们忙着扫墓。

其实此行，大家最想采访的是张凤伦的二侄张敬孝，因为他小时候经常跟张凤伦住在一起，或许对张凤伦当兵的事情了解更多。结果到了张国华家，张杰却说张敬孝不在，没回来。还好，她所谓的不在，并不是回了磐石。她给张敬孝打电话，对方说是在二道沟村呢。于是，张国华让张敬孝尽快回三家子。

张敬孝，1957年生。小时候，他确实经常跟张凤伦在一起，但对张凤伦当兵的事情知之不多。据他讲，张凤伦是1950年退役回家的，说是右臂好像是被国民党的部队炸断的，不能确定，但肯定不是被共产党的部队炸断的。据他讲，他曾听张凤伦说，当时他断了胳膊，在医院养伤。医院方面曾跟张凤伦说，如果愿意继续留在当地医院治疗，之后可以在当地给他安置工作。如果想回老家，就先跟老家沟通好，然后再回。张凤伦曾给家里写过一封信，讲述了自己断了一只手臂的情况，问家里还愿不愿意收留他。家里给他回信，说就是再断一条腿，家里也收留他。就这样，他没有留在外地，而是回了江密峰镇老家。

张敬孝知道梁雅琴老人，说她跟张凤伦熟悉，梁雅琴关于张凤伦的回忆应该比较可信，也就是梁雅琴说张凤伦的右手臂是被日本鬼子给炸断的这个说法。他还说，虽然不知道张凤伦究竟当的什么兵，但"文化大革命"的时候，张凤伦没有被批斗过。另外，张凤伦复员回家时候，是有复员手续的，后来被张凤伦的母亲在不知情的情况下扔了。也是因此，后来张凤伦没有享受到任何复员兵待遇。

（修瑞）

4月12日

晨，阴天。天气预报说有雨。赵聆实、王葆林、修瑞和卢迪到江密峰镇蛤蟆河子村，接上潘占明，转去南沙村，寻找潘占明父亲潘福祥当年在代王砬子的老宅。潘占明早上喝了二两酒，面色红润，精神头十足。

据潘占明回忆，潘家老宅所在位置应该是从现在的南沙村七社进山，向代王砬子方向走不远，在一处半山腰上，附近有大片的白桦树。不过潘占明说，从五社吴玉忠书记开的山庄进山，路近，车子可以直接开到半山腰。他又说，他的小舅子住在南沙村五社，以前经常进山放牛，更了解潘家老宅的位置。

潘占明的小舅子叫陈晓春，是潘占明爱人的舅舅家的孩子。据陈晓春讲，我们停车的位置就是之前潘占明说的田大虎家的老房场。

去往潘家老宅的路跟之前我们进山调查的路是同一条路。路上，陈晓春说，当时住在代王砬子附近包括温三儿家，还有一户姓韩的和一户姓李的，姓李的瞎了一只眼睛。陈晓春讲，当时代王砬子上确实住着一伙儿人，能有六十来号，专门打胡子。又说，肖明亮领导这伙儿人打土匪。因为南沙村与二道沟村紧邻，之前潘占明说他父亲结拜二哥叫陈三晃，住在二道沟村。我便随口问问陈晓春听没听说过这个人。结果陈晓春说，陈三晃是他三爷。他爷爷是家里老二，老大是跑腿子。陈三晃已经过世了，不过他有一个儿子还在二道沟三队住。

据陈晓春讲，他知道温三儿，不过更知道温三儿的老婆邓桂兰。说起邓桂兰，他说那老太太当年很不简单。当年邓桂兰在山上种地的时候，一只黑瞎子领着两只小熊在温三儿家附近与邓桂兰对视。后来大熊走了，两只小熊凑到邓桂兰身边，被邓桂兰用衣服襟一兜，都抓进屋里了。

寻找潘家老宅，陈晓春领着大家径直走到了之前大家发现的"练兵场"，说是那里就是潘家老宅遗址。潘占明说不像。于是大家继续向前，走到了之前发现的第三片营地遗址，说是那里也像。不过那里并没有可供耕种的山地。潘占明说那里也不像。于是大家返程。返程前，修瑞在"遗址墙"前面发现了一块瓷碗碎片。赵聆实初步鉴定，是民国时候的碗。

回到"练兵场"，陈晓春仍然坚持称那里像潘家老宅遗址，但潘占明仍然坚持称那里不像。

下山路上，遇到吴玉林领着两个人在吴家山庄拆一处倒了的石棉瓦棚子。其中有一个叫张凤金的人是当地的老户，说是知道"潘家小房"遗址，并且描述了一下大致位置，应该是在温家老屋遗址处，顺山谷向山下方向走，遇到一条道，然后顺着道往上走不远。他描述的位置并不是陈晓春说的"练兵场"。

下到山下，已经是下午一点半之后。大家到镇里一家饭馆吃饭。吃饭前，陈晓春讲到，他岳父当年是胡子，连同他的两个亲弟弟。他岳父姓王，报号"王二"。当年被肖明亮抓住，说你跑吧，跑一百步，肖明亮就开枪。打不着就放了他。结果被打死了。这个胡子"王二"的故事与之前刘同汉讲的被肖明亮击毙的一个胡子非常吻合。

饭后，潘占明回忆说，当年潘福祥从河北逃荒到代王砬子，最开始就是在陈晓春爷爷家吃劳金（陈家祖上也是河北的，来吉林二百年有余）。潘福祥第一个媳妇的二姐就是陈晓春的奶奶。土改时候，潘福祥家被划为贫雇农，村里让他当"贫协"（贫农协会）主席，不过他不当。1964

年或1965年左右，"社教组"（社会主义教育工作组）在蛤蟆河子村搞宣传教育，当时潘占明就是保护工作组的民兵。他想入党，但是潘福祥不同意，说是潘占明不合格，经受不住拷问，一问就肯定都交代了。另外，之前潘占明提到的潘福祥去地主家借钱，那个地主叫冯显亮。冯显亮住在南沙六社，后来搬到五社。冯显亮是大地主，当年家里雇用了十几个看家护院的，都有枪。不过有一次，有好几个土匪到冯家抢东西，冯显亮的看家护院顶不住，只能派人去找潘福祥，潘福祥到冯家，把几个土匪"好顿揍"，都给打跑了。

（修瑞）

4月13日

天气晴好。上午，赵聆实、王葆林、修瑞、卢迪按计划，到江密峰镇双桠山村，采访姜霁含和姜霁星。姜霁星是姜志春（四爷）的孙子。据他讲，他听说过姜志远打过日本人，但不清楚姜志春是否也打鬼子了。他回忆说，姜志春当过木匠，也会画箱子柜。他还笑着说，他年轻时候还跟同辈的哥哥弟弟们说起，如果当年姜志远没那么早就离世，说不定能够因为抗日的经历被国家重用，子孙们也都能跟着沾光。

姜霁含回忆说，大约二十多年前，他家开豆腐坊，他去江密峰镇下江附近卖干豆腐，在一个叫岗子的地方，遇到一个老人，问起他认不认识姜志远，又说姜志远是打鬼子的，厉害，非常勇猛。

张丽君回忆起她婆婆曾跟她讲过，姜志远当初在天北尤屯附近打过鬼子。大家猜测，当年姜志远的爱人程中秀带着大儿子姜洪儒去部队找姜志远，那时候的姜志远可能就在尤屯，或者在江密峰镇周边一带，且与家中有联系，否则程中秀根本找不到他。王葆林问张丽君听没听说过肖明亮、陈明友、李同进等人，张丽君表示对肖明亮这个名字熟悉，很肯定应该是听婆婆讲起过。对陈明友这个名字也有一定的印象。

采访结束后，赵聆实结合这一段时间的调查，向张丽君等人完整地讲述了姜志远抗日以及后期帮助共产党拉队伍的经历。中午，大家在张丽君家吃了大楂子粥。

（修瑞）

4月19日

今天的调查任务是对在南沙村代王砬子发现的三片密营遗址进行正式勘测。勘测项目包括编号、名称、长宽高（深）、海拔、坐标，以及拍摄方位等。

早上7点，赵聆实、王葆林、杨向阳、修瑞先后到达龙潭山公园门口，与丁传江、付二彪、李朋举汇合。丁传江一行负责纪录片资料拍摄，杨向阳负责航拍。

起初天气一直阴着，大家多少有些担心会不会下雨。如果下雨，勘测工作可能会无法进行。

另外，赵聆实反复叮嘱大家，一定捂严实衣服，防止被蜱虫叮咬。

勘测工作是从第三片营地最后发现的哨位开始的。到达勘测地点，天空放晴了。大家的工作开展都很顺利。

下午，在对"练兵场"进行勘测时，有了意外发现。修瑞在"练兵场"西北角土棱子上解手时，无意间发现斜前方有一块棕色陶片。捡起来发现，陶片只有内侧上了釉。于是喊大家过去看。大家分析，这块大半个巴掌大的残片可能是一个储粮或者储油的坛子。正说着话，修瑞又在附近先后发现了八片陶片，赵聆实也捡到了一块铁锅边缘的残块。初步分析，这些残片至少属于四种器皿，包括铁锅、坛子、陶盆以及另外一种陶器。大家分析，这些残片的发现，说明当时确实有人在山上生活，不可能是普通百姓大老远丢进山里的。它们为证明这支义勇军的存在提供了实物证据。另外，赵聆实提出，发现残片的区域（土棱子）下方可能是一处"灰坑"，附近是这支义勇军做饭的地方。在进行后期发掘的时候，可能会有更多发现。

勘测工作一直持续到晚上6点。回到市里，已经接近7点半。大家多显疲惫，不过因为有了"意外"发现，也就感觉不到累了。

（修瑞）

4月20日

晴空万里。早上起床，修瑞发现一只蜱虫正在大腿根上叮咬。于是将蜱虫活捉，放进透明盒子里，带给大家看，以警示大家千万注意防范蜱虫。

调查成员与前一日一样。王葆林一行的目的有两个：登代王砬子拍摄营地全貌；把前一日未勘测完的几处遗址勘测完。

前一日，赵聆实给吴玉忠打电话，请他安排一个向导带大家进山。吴玉忠安排了一个叫王飞的村民。

登代王砬子的路比寻找密营的路要陡，而且更难走，大家对王葆林比较担心。一来是他年纪太大，身体又比较胖，上山非常吃力；二来是他前一日的疲累还没休息过来；再者，登顶代王砬子的最后一段路，山坡坡度接近七十度，缺少抓手，非常考验登山者的体力和平衡力。出于对王葆林人身安全的考虑，大家几次商量，叮嘱他原地等待。王葆林显然不服老，对自己的身体状况有信心，一直跟在大家身后，竟然和大家一起登顶了代王砬子。赵聆实更是在付二彪的"怂恿"下，两人一起爬上了山崖的最高处。

从代王砬子下来，丁传江一行先行下山了。赵聆实、王葆林和修瑞翻过山岗，找到了27号和28号石窖、石棚以及24号烟地，并顺利进行了勘测。根据目测，烟地疑似打的横山垄，面积比较大，至少在一垧地以上。

（修瑞）

4月25日

上午9点至12点，项目组于化冰、赵聆实，电视台沈荣、丁传江采访了邓桂兰老太太。因事先联系，邓家对我们的到来并不感到突然。邓桂兰的二姑娘（和老太住在一起）、三姑娘、老姑娘也分别接受了采访。

采访中，邓老太太讲了几个重要情节：

一、邓桂兰每天摊四十多斤面的煎饼，温传声都送给"山上的人"吃了。

二、邓桂兰母亲去世，温传声的拜把兄弟三四十人戴重孝送葬，都是"当兵的"。

三、山上住的，每"家"都有枪，她和温传声也会开枪。枪都是"偷"来的。

四、卖黄烟换黄豆，黄豆和苞米一块磨面摊煎饼。

（赵聆实）

5月10日

上午，于化冰、赵聆实、王葆林、张页若在龙潭区档案局402房间沟通近期工作。研究从代王砬子义勇军密营采集的实物，对铁锅碴、缸碴、瓦盆碴进行初步测量、计算、绘图。

下午，赵聆实、王葆林、卢迪去缸窑镇，找老窑工鉴定从代王砬子采集的抗日义勇军密营实物（缸碴）。于化冰提前做了沟通，镇长姜长福已在镇里等候，并请来了72岁的老窑工邢林环和我们见面。邢林环对我们带去的缸碴进行了认真辨识、鉴定，确定这是缸窑产的缸盆，距今80～100年。随后，在镇政府后院又找到了同年代、同形状的缸盆残件。其后，去老窑工家拜访。

> 赵聆实：您老怎么称呼？
>
> 邢林环：邢林环。
>
> 赵聆实：邢师傅，您家一直在缸窑住吗？
>
> 邢林环：可不是嘛，就在这住，我就这地方生人，1946年生。
>
> 赵聆实：一直在缸厂上班？
>
> 邢林环：对。
>
> 赵聆实：在厂子做什么呢？
>
> 邢林环：做缸。
>
> 赵聆实：搞设计呀，还是？
>
> 邢林环：不是，就是做民用大缸，用手工做。
>
> 赵聆实：用手工做？
>
> 邢林环：做缸分两道大工序。我是揉泥的，揉做缸泥条的。缸匠纯是做缸的，但没我们他一个人也做不成。我们都是做缸的。
>
> 赵聆实：今天麻烦您老。我们在一个遗址见到了这么两个缸碴，您看一下，这是哪

生产的？

邢林环：这是我们缸窑生产的。

赵聆实：是什么时间生产的？到现在有多少年了？

邢林环：这玩意儿不能超过一百年，一百年之内吧！

赵聆实：一百年？

邢林环：八九十年，七八十年，最低八九十年。

赵聆实：根据它的形状来看，它是做什么用的？

邢林环：这玩意儿看形状吧，有点像钵啦、盆啦，罐儿？罐儿的可能不太大。

赵聆实：这个东西看它的弧度，它能有多大呢？口径能有多大呢？

邢林环：这口径，500（毫米）左右吧，500多吧！

赵聆实：如果是钵或者盆，一般来讲它是做什么用呢？

邢林环：过去开粉房，他们做粉条子用它揣粉面子，揣粉子，做粉面子用这玩意
儿。一般老百姓家用它洗衣服，洗个被啥的。

赵聆实：做别的用途也可以吧？

邢林环：腌咸菜，口大不好盖。我看也就洗衣服、做粉。

赵聆实：装水什么的，可以吗？当个小缸用。

邢林环：装水可以，这口也大。也挺好，能装一挑水。

赵聆实：能装一挑水？

邢林环：能装一百六七十斤水吧！

赵聆实：您看这是机器加工的，还是手工做的？

邢林环：手工的，一瞅就是手工做的。

赵聆实：手工做的。

邢林环：这缸沿儿过去是手拉坯拉起来的。

赵聆实：手拉坯拉的。它的釉在里边？

邢林环：釉在里边，釉在里边好擦，另外还不渗漏。

赵聆实：外边这种银色是怎么形成的？

邢林环：这是坯体的自然色，坯体土色，一烧有点亮是火熏的、火炽的。达到1000
多度，它自然就出这色儿了。这玩意儿不是釉。

赵聆实：烧出来这种……

邢林环：自然现象。够这个温度了，就出这个了。

赵聆实：看这个（缸碴），它得多大的火候烧成这样？

邢林环：1200度以上吧，1500度以下。

赵聆实：1200到1500度之间，这样烧出来的。这属于缸胎？

邢林环：啊。

赵聆实：那它属于陶？

邢林环：纯属陶！

赵聆实：陶（烧）的温度一般不是比较低吗？

邢林环：陶（烧）的温度低……但这个土烧陶，我们缸厂烧的陶必须得达到1200度以上，要不烧不开，熔化不了。你像烧红砖啥的，也就七八百度，自己就还原，烧透了。这玩意儿要烧不透，达不到1200度就黑心子，这里有一层黑心子。

赵聆实：有黑心子，影响它的坚固程度？

邢林环：一个是影响它的坚固程度，再一个是渗漏。在这里缸料要兑一些熟料。什么叫熟料呢？比如说这缸碴子，在我们厂都不能扔，得粉碎了加工、收粉、细粉，兑到泥里头，减少它的收缩率，都是生土收缩率大，熟土搁里头收缩率就小，收缩率小，成品率就高了。还加一种什么东西呢，就是加一种沸腾炉里的炉灰，粉碎成灰粉加到里头，但避免不了藏些颗粒什么的，颗粒状的灰。我说烧不透呢，灰还是有煤的性质。1000多度，一烧就化了。灰的颗粒就化了，那里就出一个洞，出了洞容易渗漏，所以烧这玩意儿不达到一定温度不行。

赵聆实：这个就是。

邢林环：有点气泡。

赵聆实：邢师傅。您看这一片上边出现这些棱是怎么回事儿？

邢林环：这是缸匠做缸时，使用工具，搁手一比，轮子一转，往上一夹，自然就出这个匝道了，我们行话叫匝道，实际就是一个棱一个棱的。

赵聆实：叫匝道。

邢林环：一个是美观，另外呢，一夹，泥往上走，增加它的密度，增加坯体密度。

赵聆实：起到坚固作用。

邢林环：减少渗漏。

赵聆实：您老在缸窑工作了一辈子，缸窑有300多年了，生产的产品主要销售到什么地方了？

邢林环：可以说，这是亚洲最大的陶瓷厂，往近了说，咱东北三省也是最大的陶瓷厂，（产品）东北三省老百姓用。我说的是七八十年以前。新中国成立以后民用缸陶瓷厂就改名为陶瓷公司了，俺们生产的产品就多了，样数就多了。出口东南亚、美国、日本、法国，好几个国家。有任务。这个厂子生产的产品有四大类：民用陶，老百姓用的坛坛罐罐、缸；建筑陶，包括琉璃瓦，建筑方面用的东西；园林陶，工艺方面的我们也做；再一个是美术陶。

（赵聆实）

5月11日

按约定，上午8点项目组赵聆实、王葆林、卢迪在吉林市公安局对面与吉林市电视台沈荣、丁传江、李朋举汇合，一道去口前养老院采访吴云富老人。此次采访是为了配合电视台拍摄纪录片专门安排的。天气不错，阳光明媚，见到吴云富老人时，他正在和其他三位老人玩扑克，看着精神不错！采访地点安排在养老院的花园里，背景明快一些。项目组向老人问了两个问题：一个是代王砬子义勇军情况，一个是他在丰满水电站当劳工的经历。老人侃侃而谈，基本是复述以前的陈述。谈到新中国成立初期在松花湖与肖明亮见面一事时，他回忆：肖明亮曾经问过他，知不知道代王砬子那里有地窖子？这是吴云富第一次说出此事，但仅有这一句，接下来就谈到别的话题上去了。其后的叙述有些混乱。

下午，项目组于化冰、赵聆实、王葆林在龙潭区档案馆4楼401室对采集到的实物继续研究。随后，卢迪、修瑞也加入进来。通过绘图、实物描绘、计算，得出铁锅、缸盆、瓦盆的规格、尺寸。电视台对项目组的工作情况作了全程记录。

（赵聆实）

5月17日

上午，赵聆实、王葆林、修瑞和卢迪一行4人到永吉县档案馆，查阅存放在那里的江密峰镇全宗档案及新中国成立初期的"镇反""肃反运动"的相关档案，希望能够从中找到当年政府调查姜志远的材料。

在江密峰镇全宗档案里，没有找到我们希望找到的信息。不过找到了一些关于"肃反运动"的材料。据文献资料记载，当时永吉县在"肃反运动"期间，由县级层面成立了5人领导小组，投入经费144270元，共计调用17797人参与调查，调查对象2000多人。之后，赵聆实从一份文献资料上发现该资料原始文件就在该档案馆，遂请工作人员帮忙查找，找到了4本原始档案。这些原始档案里记载了"肃反运动"期间，永吉县最终定性处分的200余人的详细资料。虽然没有找到姜志远的名字，但显然我们调查的方向是对的，说明在"肃反运动"期间，永吉县确实开展了大规模的甄别调查工作，而姜志远应该是这2000多名被甄别人员中的一名。大家分析，可能是由于他的"罪名"没有被确定，或者当时调查人员发现他没有问题或者问题不大，没有立案。不过，既然调查过，必定会有调查记录。只是不知道这份关于姜志远的甄别调查材料还在否，如在，会在哪里？

（修瑞）

6月16日

上午9点，于化冰、王葆林、修瑞来到吉林市通潭东区×号楼×单元×号丁万良老人家里采访。前一天下午，王葆林接到丁万良的电话，说是他从市委党史研究室杨处长那里听说我们正在做的义勇军密营遗址群项目，对杨处长提到的"王德林部"（传错了）的说法提出否定意见，并称他手里有证据证明，那支义勇军属冯占海部。

丁万良今年76岁，研究吉林抗战历史多年，家里相关藏书非常丰富。在他家中，我们看到了他所说的证据——出自2011年出版的《东北抗战实录》。据该书记载，1932年9月19日（实为10月19日），"冯占海与宫长海等在农安三盛玉、伏龙泉汇合，会商后决定：留下在吉敦线及五常一带活动的救国军继续在原地抗日，冯占海率救国军主力转进热河，以联系关内，取得给养"。丁万良由此推断，代王砬子这支义勇军是奉冯占海之命留在吉敦线坚持抗战的冯占海部义勇军。

这一发现确实很重要。于化冰将这一信息通过微信群发给赵聆实。赵聆实提出一个思路，即《东北抗战实录》这本书中的这段描述根据何在？应该会有母本。找到母本，或许会有更详细的描述。他提出几个方向，比如尝试找一找诸如"田霖传""冯占海传"等。刚好他手头就有一本吉林文史资料25辑《抗日将领冯占海》。该书比《东北抗战实录》出版早20多年，且记载了1932年10月19日在农安三盛玉召开的这次军事会议，会议要求"现留在吉敦路沿线及榆树、五常一带牵制敌人的各部队，由田霖、王戎武二位旅长负责联络，留在原来活动区域，相机骚扰敌人，准备接应主力东返"。很显然，这本书就应该是《东北抗战实录》一书相关记述的母本。所以，母本更可信。而根据母本记载，吉敦铁路沿线留下的义勇军是田霖带领，所以与之前我们的推断是一致的，即代王砬子义勇军来自田霖部。

（修瑞）

7月12日

下午1点30分，项目组扩大会议。于化冰主持，赵聆实、王葆林、张页若、修瑞、刘洺辛到会，王春、吴玉忠应邀参会。

赵聆实：今天向镇政府和村委会做一个工作汇报。王春和化冰说这个事情的时候是去年5月份，直到10月6号那天，我和化冰局长在吴玉忠书记的陪同下一起上山。那天没有走完，走了一部分。上山之后的初步感觉是觉得这个事靠谱，觉得有继续调查的价值。所以接下来就要紧锣密鼓了，抓紧时间进山踏查。

于化冰：今天很正式地把二位请来。因为项目组有一段时间没上山了，从5月拍摄映山红之后，就再也没去，这也快俩月了，这两个月可以说进展非常好，比咱们预期的还要好。我最英明的决定就是把赵老师请来了。赵老师有一天接到了省文化厅的电话，让他去参加一个论证会。论证的是吉林省范围内所有的革命遗址。省内各市县报上去了600多家，让专家们来论证这600多个遗址是不是革命遗址，结果发现咱们做的代王砬子义勇军项目没报。因为是从文化口上报，咱们是从党史口走。再一个据说咱们文化局没接到这个通知，所以，把代王砬子落下了。我就和王部长从市文化局往省文化厅报，这个不能落下，咱们王部长和我还有修瑞直接在市政府堵住文化局局长，他开完会都快5点了。给他堵住了，就说了这个事，当时局长就说这个事全力以赴，从局长到副局长到分管局长到处长，一路绿灯。就这样，最快时间上报了。然后上报到省文化厅。后来我和王老师、修瑞，我们到文化厅去了。一会儿要把跟文化厅汇报的材料给你们看一下。所有的资料都给文化厅留下了，厅里的领导看完了之后给我的一句话，就是说没想到你们这个事做得这么好，这么震撼，这么规范。我们一定要去看一下。上周由于领导没在家，没汇报。下周，跟我们约的，除了周一，之后择日过来。下周二以后他们会选一天过来，到现场去看一看遗址，听一下咱们的详细汇报。今天把二位请来，主要就说这件事。那天已经开完论证会，但是新闻发布会还没开。还要再开一个关于这个项目如何保护、如何利用的专家论证会，把省党史、省文化、省市专家都请来。今天听听大家的想法。未来如何保护和利用，都说一下，哪个能行哪个不能行？下面赵老师跟你们说。

赵聆实：这个事情已经上升到省的层面，因为省文物局已经关注这个项目，不是一个简单的村里、镇里的事了。经过一年多的努力。从去年10月以后，项目组反反复复去了无数次江密峰，上山、进村、入户，开展调查。现在大家非常关注项目的进展，尤其王书记、吴书记，你们俩是最关注的人。我们一块儿开展调查，项目到现在进展怎么样了？我今天把情况说一下，遗址定名叫东北抗日义勇军代王砬子密营遗址。这是经过调查和查阅文献审慎确认的。

保护好遗址是第一位的，在此前提下合理利用。开展红色旅游带动经济发展，提高社会知名度，可以建立红色教育基地，建议基地建在水库旁边。村舍改造后可建吉林抗日义勇军博物馆、东北老物件博物馆，还有村史馆等。

王春：首先，对各位老师做出的付出表示由衷的感谢。从进这屋开始到现在，赵老师介绍了一个多小时，在这个过程中，我们体会到了项目组的艰辛努力。田野调查，作业环境非常恶劣。做了许多外调，又采访了很多当事人，查阅了很多历史文献资料。利用业余时间或者晚上加班干，让人佩服。

我和吴书记有一个共同的感受，就是震撼。一个半月前论证会第一次已经开完了，那三点已经是毫无异议的，尤其是最后一点存史育人。请在座的各位老师放心，我们之前最关心论证结果，现在看来，万里长征第一步，咱们已经做到了。下一步我们希望把遗址的影响发挥到最大化。吴书记他们村规划里面也有关于红色教育基地，这么一个板块，论证会结果没出来之前什么都谈不了。现在怎么能让它发展得更好，就是要依托这个红色教育基地。这个红色教育基地我们的想法是起点必须要高，最起码建的时候要站在全省的角度去建，按这种标准去做，起点要高，投入要大。资金的问题不必愁，只要事干起来，肯定有人给咱们投资，借着乡村振兴发展南沙。为什么30多个村，我们单独把南沙拿出来？南沙村和咱们丰满只一岭之隔，松花湖开发区发展得那么好，我们打算把南沙建成松花湖度假区的一个后花园，建设过程中还要跟咱们的红色教育基地进行融合。

吴玉忠：在东北走了许多地方，真就没发现这样的。咱们这个项目已经论证完了。一经发布之后肯定是爆炸性新闻。

王春：现在党校已经成立了红色教育的部门，从区委党校教育来看，一些孩子都可以来这学习，来个几天，这样就能产生效益。深度游就能把一二三产业带动起来，最终的目的是让南沙人富起来。

吴玉忠：对社会也是一个好的事情。

赵聆实：像咱们这么好的资源不多。吴书记未来你做管理人，修瑞可以来当馆长，我们做顾问，把这件事做好。我们都会贡献自己的力量，因为我们对南沙村是真感情。我们打算出个调查报告，一部纪录片，再出两本书，口述史在30万字以内。这里还要办展览，把东北抗日义勇军特别是吉林抗日义勇军的历史宣传、展示出来，也给南沙带来经济发展、带来福利。

（刘洺辛）

8月24日

下午，项目组会议。赵聆实主持，王葆林、张页若、刘洺辛到会。

赵聆实：暂定论证会时间为9月13日或者9月14日，赶在九一八之前召开，会议邀请专家参会，党史方面的专家、东北抗日斗争史方面的专家，还要邀请旅游规划方面和文物保护方面的专家，7人左右。会议名称暂定：东北抗日义勇军代王砬子密营遗址调查及江密峰抗日活动调查报告和遗址保护利用论证会。两会合并在一起，但是名称较长，大家可以议一下，确定会议的名称。会议时间不宜过长，一个小时左右。会议可准备中办、国办关于文物保护、利用通知，前些天在群里发过，供领导和专家参考。

张页若：这也是落实中办、国办精神的会议。对于开会时间没异议，9月13日或9月14日。名称不宜过长，需要新闻亮点，找重点。新闻发布会要做得大，因此日期不宜过早，防止小媒体不遵守规则提前发布，到时候可准备新闻通稿。

王葆林：第一点，开会时间，9月13日或者9月14日开会，做一个阶段性的总结，调查论证的内容可以向社会公开，也是做一个工作的总结。第二点就是会议的内容，东北抗日义勇军以及抗日活动，听取一下区里领导的意见。从目前来看，大概还有3周的准备时间，会议要邀请有社会影响的、有研究水平的专家。根据中办的发文，做好红色教育基地的保护和利用。

赵聆实：会议准备材料，中办、国办文件材料准备一份。时间确定为9月13日或9月14日。现在第一阶段工作已经结项，要向媒体公布成果，也是阶段性工作的结束。会议名称，一种叫法是：东北抗日义勇军代王砬子密营发现新闻发布会。再一个就是贯彻落实中办、国办对革命遗址保护精神，代王砬子密营遗址保护利用专家论证会。这两个会可以同时开，按页若意见，专家论证会放在前面，然后是新闻发布会。会议材料准备方面，专家论证会准备中办、国办文件，一人复印一份，别的不做准备了，其他材料不再提供。会议由项目组组长做项目汇报，或者王部长做汇报。准备一个稿，可以用上次会议的，把于局和我的发言稿总结成一个通稿。上次那个PPT也可以，新闻稿的通稿不超过3000字，不超出于局和我所提供的内容。这次要把姜志远的内容加上，之前的稿子里已经都提到了。我们还要给龙潭区一个结项报告，就详细的问题做一个总结，这是这期间我们主要要做的事情。还要请省文物局来一趟，到山上去看一看，赶在会议之前请他们上一趟山。解放战争项目可以发展一些志愿者参加。明年把书出来，先将口述史实录做完，然后把画册做了。再一个就是纪录片，咱们现在的这个项目做电视专题纪录片在全国也是独一无二的。新闻发布之后可能会出现异议或不同声音，我们要有准备。项目是真实的，独一无二，我们对得起历史，对得起英雄，就算有人说什么，我们有遗址，有文献可查，还有证人，没准儿通过他们查一下还能给咱们弄出新材料，可能咱们没找到，人家找到了呢！再一个，我想如果9月份把这个事做完了，就可以专心出书了。画册可能不太好出，但是口述实录是可以先出1000本。等新闻发布之后，修瑞的成果可以发布了。未来沈荣那个片子也很厉害，我参加过很多项目，也没有一个电视专题跟着做的。新闻发布，先征求一下媒体意见，听一下媒体的意见。再一个是姜志远怎么称呼，原来叫江密峰抗日第一人，现在不能这么叫，因为涉及姚秉乾，他就是从江密峰走出去的，得给人家一个名分，大家看叫啥名？（修：叫他那报号）对，那就叫抗日忠侠姜志远，行吧？（王：我也主张这个）那就叫抗日忠侠（张：人家历史也是这么说的）。半个月前老婶的儿子打电话让我们去吃苞米，老姜家人有情有义。新闻发布之后，肯定会有小媒体去采访（张：就新闻发布会之后啊，就得不少人去，现在不是保护不保护，是江密峰政府应该怎么管理的问题了。）对江密峰政府和村里，我们要端正身份，咱们不是人家领导，不能命令式的，有些事到此为止，咱们也只能给人家提个建议。这一阵合作也很是愉快，下一步就是和李吉斌（唐房村书记）的合作了。

（刘洺辛）

9月4日

应项目组邀请，省文化厅文物保护处处长张轶峰、主任科员吴丽丹今天到龙潭区江密峰镇听取代王砬子密营遗址项目进展情况的汇报，并计划下午对密营遗址进行实地考察。市文化局文博处处长黄英灿、市文物管理处副处长翟敬源以及龙潭区委宣传部部长王建勋和调查组的于化冰、赵聆实、修瑞陪同。

张处长等人被我们项目组的汇报吸引住了，确切地说，是对这个义勇军密营遗址的调查项目产生了浓厚兴趣。尽管天气时有微雨，山间树木繁密且山路湿滑，张处长等人仍然坚持要亲自到遗址近前看上一看。还好，这也在我们的准备之中，所以提前购置了雨衣和靴子。

9月，收获的季节。穿行在山林间，野蘑菇遍地。榛蘑、黄蘑、灰蘑、扫帚蘑、趟子蘑，以及红红黄黄各色的叫不出名字的蘑菇，稍不留神，一脚下去总要踩烂几颗。圆枣藤每隔三五十米便有一架，熟透了的圆枣子铺了满地。偶尔一抬头，柞树树干上还生了七八团毛茸茸的猴头菇。

这次进山，我们又有了新的发现——发现了另外一条隐蔽的马道。这条马道在第一和第二片营地之间，位于我们之前一直走的那条道的上山方向，穿梭于密林和跳石塘之间。相比于之前那条"先下山后上山"的道，新发现的这条马道既方便省力，又缩短了勾联两片营地的距离，同时马道痕迹更加明显，且更适合骑马行进。之所以说更适合骑马行进，因为道路在穿越跳石塘时，石头间的缝隙被人为地用木头填塞平整了。石缝间距大的地方，便用四五根木头并排铺了桥。从木桥的腐烂程度来看，应该是饱经沧桑，足有七八十年了。吴玉忠告诉我们，这条马道他也是第一次走，是他弟弟吴玉林前不久偶然发现的。它的发现，进一步证明了代王砬子这支义勇军骑马行军、作战的史实。

对于代王砬子密营遗址的发现，张处长一行给予了颇高的评价。张处长说，遗址保存的状态非常好，这是他没想到的。这个项目，从内容到意义都非常值得关注，它可以说是在抗日义勇军研究领域填补了一个空白，下一步重点应该放在遗址的保护利用上。吴丽丹则说，这是一个可以深度挖掘的全省的一个亮点项目。

（修瑞）

9月20日

项目组会议。于化冰主持。赵聆实、王葆林、修瑞、刘洺辛到会。会议确定如下事项：

一、撰写《东北抗日义勇军代王砬子密营遗址保护利用论证报告》

要求：

1.专家论证会的意见和建议；

2.新闻稿的变更以及媒体的反响；

3.解放战争遗址项目单列一条；

4.学术论文、报告（可暂时缓一下）。

报告由修瑞整理、撰写，字数不宜过多，要突出重点，整理后交由赵聆实修改，最后由于化冰进行补充，做汇报。

二、十一之后档案文献的查询

1.吉林省档案馆：吉林省旧政权档案、《田营哗变攻五区濮街基情形》等件（1932年1月至4月）由张页若、卢迪、刘洺辛负责；

2.吉林市图书馆：《救国旬刊》，由张页若负责；

3.联系杨处长查阅吉林市党史研究室资料，由张页若负责；

4.吉林市出版过的相关历史书籍，由王葆林负责联系丁万良，找到书名，想办法购买；

5.上网查找1931至1948年民国时期出版的抗战史类书籍，由卢迪、刘洺辛负责。

三、后续资料整理

首先整理口述实录，然后是图片集，最后还有报告文学。整理口述实录可适当配合图片整理工作。图片包括被采访人的照片、合影、调查场面、遗址、文物、文献等，避免重复，挑选最佳照片存档。

（口述实录由修瑞继续整理，其他人配合，落实到个人，实事求是地整理、记录。图片由王葆林筛选、整理。最后所有材料按档案局要求模式存档，由张页若负责，如有需要，其他人配合。）

四、继续进行调查

1.十一之后选择合适时间进行调查：三块石、农安及唐房解放战争项目调查等。

2.对温家以及吴云富等人进行回访。

（刘洺辛）

10月31日

上午，卢迪开车，赵聆实与王葆林、修瑞、刘洺辛去江密峰采访。王春副书记安排镇福利院吕颖杰院长接待，他带我们去福利院后山的白石砬子考察了白石矿遗址。吕院长边走边讲，介绍白石山和白石矿的传说和历史。从山上下来后，在福利院我们采访了吕院长。午饭后，去双桠山村，按吕院长提供的线索，先后采访了苏景斌（属鼠，83岁，1935年生）、蔡凤山（属牛，82岁，1936年生），了解姜志远的情况。回龙潭档案馆，于化冰在群里说，省党史研究室王宜田通知：下月在延吉召开全国抗联史料征集会，邀请于化冰、赵聆实参加。

（赵聆实）

11月9日

赵聆实在工作群发表小文《审稿有感——东北抗日义勇军代王砬子密营遗址及抗日忠侠姜志远解疑》：

伏案已久，去"御花园"走走。虽已掩卷，思绪犹在。又联想诸多有关事情，有此感。

为什么要解疑？因为关心这件事的朋友或未来读了这本书的读者，或许，还会有一些疑问，作为调查者我应该和他们一道去查疑解惑，而不应是回避。

密营遗址是真实的吗？代王砬子真有抗日义勇军吗？他们是土匪？东北抗日义勇军？还是东北民主联军？姜志远是土匪还是民族英雄……

因中央党史研究室的安排部署，有了此次东北抗日联军史料征集工作，东北抗日义勇军代王砬子遗址，抗日忠侠姜志远才有机会浮出尘世。又由于龙潭区委、区政府的支持和我们项目组组长和组员们的执着，在别人认为不可能的疑虑中，竟然把这事儿做成了（有人说我们就是"事儿"，是没"事儿"找"事儿"），有了如今我们看到的文字的、图片的、音像的、文献的、实物的成果。一点点、一条条、一片片，逐步理清了线索，逐步还原了那段远去的历史。

我们曾经忽视、淡忘，甚至贬损、摒弃了那段充满了血和泪，也充满了认识之争的历史，很荒诞吗？不理解吗？这个过程本身就很荒诞，就很难让人理解，这就是历史，这就是我们参与过的非常现实的历史。

在那个荒诞的岁月里，东北抗日义勇军少有人提，也无人敢提，抗日义勇军几乎是国民党反动军队或土匪的代名词，东北抗日联军都难免招"土匪""流寇"之责难，何况抗日义勇军乎？

搜集、调查东北抗日义勇军史实的最佳时机和时光就这样过去了！

代王砬子抗日义勇军、抗日忠侠姜志远是幸运的，而更多的"代王砬子抗日义勇军"，更多的"抗日忠侠姜志远"已经被淹没在历史的烟云中，可能永远永远地消失了！

悲哀呀！悲哀！

当您听到代王砬子抗日义勇军和姜志远的故事，当未来这本小书放到您的案头，请您多一些宽容，多一点善意，以一份虔诚之心、敬仰之意去和代王砬子抗日义勇军、去和姜志远、去和我们民族的英雄们对话。尽管您还有许多疑虑和不解，尽管您还有种种想法甚至不满，但我还是希望您，作为有良知、有良心的中国人，来吧，和我们一道拨开历史的迷雾，还原小人物的历史！

（刘洺辛）

11月14日

下午，根据于化冰组长提议，项目组部分在吉人员，召开工作会议，研究近段工作和下步工作安排。于化冰主持，王葆林、张页若、刘洺辛到会。

于化冰简单回顾了近段工作和发现的问题，特别是校审过程出现的问题，并提出解决的想法。

王葆林老师具体介绍了所负责部分的处理情况，对一些校审的技术问题和出书配光盘问题，提出了自己的看法。

张页若、刘洺辛对一些工作上的问题进行了意见表述。

会议决定：请王葆林将第一次校样交赵聆实，由赵聆实负责在此基础上进行再校审。采用描红为修改内容，描绿为删除内容的标记。本次采用行间注方式，最后排版时再改为页下注。是否出书配光盘之事，以后再议。王葆林、张页若、刘洺辛继续完成手中工作，并对现有资料进行整理，为录入工作做好前期准备。

（张页若）

11月22日

这一天是今年入冬以来最冷的一天。天气晴好，空气偏湿，冷风大约有三级，湿冷加风冷，给人的感觉足有零下十七八摄氏度，但实际上只有零下十一二摄氏度。

卢迪开车，先后接上修瑞、刘洺辛、赵聆实和郑国辉，直奔南沙村五社。前几天下了一场不大不小的雪，雪在城里存不住，但在乡村公路上却被来往车辆碾轧成了冰。区事管局偏偏给我们配了一辆没换雪地胎的老爷级轿车。车子在路上直打滑，连30度的坡都爬不上去。不得已，我们几个不得不下车，推着车子前进。

在吴玉忠的工房子里，我们见到了白玉良。当时工房子里还有几位穿白大褂的医护人员为20几位南沙村妇女现场抽血，或许是采集血样，或许是村里组织给村妇免费体检。因为现场太吵，无法进行采访摄制，于是把采访地点改为吴玉忠的酒坊。

之前采访过一次白玉良，后来赵老师在整理采访记录时，发现有一些细节没有采访到位，所以才有了今天的续访。根据白玉良的回忆，他爷爷当年当甲长时候，跟代王砬子这支抗日义勇军有过联系。他听他父亲说过，当年南沙村一带来过一伙儿土匪，后来被蛟河方向的一支剿匪队伍打死了几个弟兄。有人向这伙儿土匪告密，说是白玉良的爷爷透露的土匪的行踪。说他是联系了代王砬子这支抗日义勇军，而后由抗日义勇军与剿匪队伍取得联系。土匪因此大怒，把白玉良的爷爷绑走，吊起来毒打，声称要他偿命。后来是当地的地主董长海出面解释，这才保住了他一条命。白玉良还提到，他爷爷曾讲过，代王砬子这支抗日义勇军曾袭击过江密峰镇的鬼子据点。鬼子后来出兵追剿，曾询问白玉良的爷爷知不知道抗日义勇军藏身地，并让其安排人带路。白玉良的爷爷没说出抗日义勇军的行踪，只说是不知道。另外，白玉良回忆说，前年有驴友在山里挖到了一把三八大盖上的刺刀。他后来找到了驴友挖东西的地方，发现那里有一条类似于战壕的遗迹，位置大概就在"练兵场"南侧。

午后，大家踏雪进山，寻找"潘家小房"和白玉良所说的战壕。还在山里巡山的老邵在前面给大家带路。据老邵讲，"练兵场"就是"潘家小房"遗址。后来赵老师分析，如果真是这样，其实也说得通，即这支抗日义勇军是以一户农家为据点藏身的。比如一号营地，以温传声家为据点；二号营地以潘福祥家为据点；三号营地那处残存的石墙，可能原本也是一户农家所有。

最终，没有找到白玉良所说的战壕，不过大家继续深入调查的热情越发高涨。

（修瑞）

2019年

1月25日

张页若事先已经与市公安局档案管理施主任联系，商定今天去与市公安局户籍支队接洽。早8点30分大家在单位集合出发。刘洺辛驾车并提前办好了宣传部的公函。市公安局新址在江南，门卫检查严格，必须持身份证登记，并打电话与邀约人联系确认后，方可打印入门证，放人执证入院（新规定对身份认定的证件，1.身份证，2.驾驶证，3.社保卡）。我们把事先准备的线索资料交郭科长一一核对查询，所有的线索，都查到了相应结果。

（刘洺辛）

2月21日

上午9时，张页若和王葆林带公函到吉林市医学会查阅张海春档案。先后查阅了文书档案、人事档案，后又去主任室找两位老同志回忆，均无收获。

（刘洺辛）

3月18日

上午9点，项目组在档案馆404室开会，于化冰主持，赵聆实、王葆林、张页若、修瑞、刘洺辛到会。议题：编写《发现》书稿相关问题。

赵聆实介绍编写进展。前言已完成，计3300字，前三章主题文稿也已完成，每章字数约1500至1700字。参考书目22本。在成书前还要反复核对所涉事件、时间、人物、地点，避免出现问题。

王葆林：问题明确，宜粗不宜细。

修瑞介绍编写进展。已完成14章的初稿，还差遗址清理和4号营地部分。

赵聆实：4号营地没有深入调查，暂时放下，放到二期去做。各章节之间要保证字数的均衡。1.对于姜志远要给予恰当的评价。2.注意学术语言与文学语言的区别，要避免散、白问题。3.注意分析，照顾各个部分以及各章节之间的关系。4.关于字数问题，均衡控制在2000字以内，1400至1500字以上。关于文物采集部分编写，文物可以进行分析，讲述发现的过程，不仅仅是叙述，也有背后的故事。利用前言回答一些问题，证明当时抗日义勇军在江密峰的活动。篇章结构方面：章名都是实起。可适当插入人物小传、事件小传，字数控制在150～200字。做成图文著作。第13章不采用引用式，还是叙述式写法。第14章"姜家记忆"也为叙述式。姜志远起兵地点问题，再核实一下。写完之后冷却一段时间，再看看书，会有新的启发。

王葆林介绍图片选取进展。现在已经找了110张左右图片（不含合影）。一些地方照片需要补拍，如白石砬子、关门砬子、官马山等地。项目组的工作记录，至少要5篇。

于化冰：拜谒姜志远墓地表达了对英雄的崇敬之情，牛爱民买供品表达了地方政府对英雄的尊重。照片可以从开会再转到扫墓，这个章节也是释放情怀的章节，夕阳、墓地，可加入耐人寻味的诗词。

赵聆实：作为图文著作，图片很重要。《发现》选取照片的标准有两个，1.要真实；2.要清晰。已经没有充裕的时间进行补拍，要在五一之前做到齐、清、定。照片说明包括：时间、地点、人物、事件、结果等，要素要全面，描述要清楚。后期交出版社要给原片，最好提供RW格式照片。

张页若：这一段时间对敌伪档案继续翻阅查询。

赵聆实：档案是重要支撑，例如肖明亮的立功报告等都要上书。继续丰富证据链。

于化冰：我负责联系省档案馆拍摄档案原件图片（目录由张页若提供），拍摄文物原件照片；联系清理遗址、联系出版社，安排书稿下厂，联系绘制《义勇军攻打江密峰火车站》线描画。

赵聆实：我负责查找义勇军活动地区图；请姜霁良绘制《姜志远举旗抗日》线描画，负责书稿最后的完成以及人物小传撰写。

王葆林：图片部分，我们绘制的图、肖明亮立功报告等档案、被采访人列表的图片等要入书。编制一个关于图书的整体出版计划。

修瑞：我负责书稿的校对。

张页若：我继续整理查档目录，找懂日语的老师帮助查档案，继续档案文件的翻阅。协助校对书稿。

（刘洺辛）

3月31日

项目组会议。于化冰主持。赵聆实、王葆林、张页若、修瑞、刘洺辛到会。赵聆实就《发现》一书编写提出要求：

选片时视野要再放开一些。比如三个营地，要上遗址，还要上发现遗址的我们。发现的过程即我们的一些行为，诸如讨论、测量等等，而不是简单的几个坑、几个地点。

又比如家里的回忆、邻居的回忆，除了被访人还有我们，还有参与的群众，也有一些看照片、在老乡家吃饭等等活动。

再比如文物，除了那几十件实物外，还有我们发现的环境、发现的过程。发现过程即我们的活动，如化冰母亲等人对铁锅尺寸的计算，我们在地板上凭着物体的弧度画圈计算等等举动。

总之，思想要解放，思路要开阔。把干巴的东西用活，把好像无联系的情节和文物、文献联系起来。

化冰说的对，要有血有肉有情有义！

发现，是我们发现。发现了什么？怎么发现的？发现的过程怎样？等等。思路对了，片子就选出来了，内容就丰富了，也就有血有肉有情有义了。

照片选好了，文字可以跟着照片补充。相互说明，相互印证。照片是无字的说明，说明是无画的照片，缺谁都是不完美的。

我们的调查采访活动是鲜活的、立体的、客观的、理性的，由此形成的著作也应如此。

明思路、有遵循。思路对了，就好做了。明确"我们发现"这个主题就上路了。

最后一举很重要。继续努力，做一本好书，无愧我们的辛苦和各界的支持！

（刘洺辛）

4月8日

清明节。项目组集体前往东北抗日义勇军代王砬子密营遗址，缅怀抗日英雄。阴郁的天空突然飘雪，染白了天地，只见那冰凌花在雪中怒放。

> 飘飘洒洒，
>
> 清明时暇，
>
> 那雪花又悄悄地落下。
>
> 片片朵朵，
>
> 初春吐芽，
>
> 那含霜破雪的冰凌花。
>
> 耸立山峰，
>
> 昔日南沙，
>
> 我听到那来自遥远的拼杀。
>
> 向你走来，
>
> 巾帼英侠，

血染的旗帜插上山崖。

页若有感而发，雪中吟诗一首：

那一刻，

天地动容，

连冬季都少见的雪，

竟漫舞在天空。

那一刻，

砬石静听，

静听他们曾目睹过的，

那群英雄，

在80年后的这个清明，

依然有共和国的军令，

来为他们寻踪。

那一刻，

满山的树木，

都如此庄重，

它们摘下身上的繁叶，

用标准的军姿，

表达着一座山的尊敬。

（赵聆实）

4月13日

今天去三盛玉，考虑到路途较远，所以决定早点出发。5点刚过便上路，由卢迪在吉林先后接上于化冰、王葆林，到长春接上赵聆实，直奔农安。一路顺利，到了农安没停直到三盛玉。问询老街，有老乡介绍说老街在后街。到老街上看，都是新房子，已经没有老街的模样。见一个修车小屋前挺热闹，赵聆实进屋与几位耆老打招呼，了解到旧时三盛玉的情况。当时的大买卖在老街西边，有一家烧锅、一家大车店，早都扒了。他们热情推荐说还真有一处老房子存在，就是毕书记家的房子，还没扒。他们很负责地让他们其中的一位带路。上得车来，到了这处三盛玉仅存的老房子跟前。

在三盛玉这处老房子里，我们与房主毕兴文交谈，知道了现在三盛玉剩下老房子也就是他家现在这座了。当年这房子是刘华（音）盖的。他有技术，烧锅全靠他的技术。他挣钱多了，就建起了这座高门大院套。解放时，他扔下家产跑了，再也没回来。解放后分给毕兴文了。80多年的房子，整个三盛玉，老房子也就剩这个了。

毕兴文老人80岁，身体不错。人很客气，也很负责。有干部气质，话语不多，慢条斯理，条理清晰。从后院到前院领我们观看，指点我们拍照，并与我们合影留念。他老伴好像有些疑惑，但也没制止，也算得体。把这座在当时很体面、街里说得出的老房子里外拍照。特别是赵聆实站院外土墙上拍的片子，角度很好，适合配图使用。三盛玉的历史遗存记录到了。返程在农安午餐。

到吉林时，接近4点，趁天色尚早，去北山冯占海墓祭奠。我们几个三鞠躬致祭。拍照并收藏几条缎带。圆满完成任务。

（王葆林）

4月15日

今天，赵聆实、王葆林、卢迪去蛟河白山一线踏查田霖白山伏击战的地址，经询问和实地踏查，基本可以确定为后柳村东头山转弯一段。顺铁路前后查看具备条件的地方。即：铁道有转弯处，行驶的列车会减速；路基要低于路旁的高岗，便于由上向下攻击；适当距离要有山有林有路，后撤可利于疏散隐蔽。沿途观察，有这三个条件的地方柳树河路段仅有后柳村外有一处适合。因为土地刚刚开化，只能淌着泥泞的地垄沟下脚，几处实地观察比较，基本确认此处。

戏剧性的突破是新街基遗址。赵聆实从文献中查到新街基在池水。找到池水大队，路遇在田里上粪的老乡打听道，老乡说当地没这个地名。但这东边有个地方叫心肝儿，是大伙给叫白了，原先叫新街（gāi）。我们一听这个可真是有门，街，方言念"gāi"。我们问这个新街在哪？老乡说原先让小丰满水库的水淹没了。这两年松花湖水库放水，水位下降，这才又露出来，现在又让挖沙子的给挖成了大坑。我们提出请他上车指道，他欣然接受。于是车行约20分钟，在荒凉的沙石滩上找到了一个方圆约有百余米、近5米深的大沙石坑旁，老乡说就是这个地方，原来这里可漂亮了。老乡讲，早先蛟河打算建在这儿，建了一条新街。因为建小丰满水电站，新街的人家，买卖人、有钱人都迁到现在的蛟河去了。丰满水库蓄上水，这地方就淹水里了。

瓜茄没找到。老乡说东南方向几百米地方，有个高丽屯是大一点的屯子，这周围就再没有人家了。因为自打小丰满存水以后，这地方都淹到水里，是一片水面，村屯的影子也没有了。

返程又向东行驶10多分钟，找到了船口。西大河，也就是流经蛟河的河水在这里汇入松花湖，自这里开始河道渐宽，河水很深。当年的船口曾有一个小房，现在只遗存一块土岗，似能感觉出当年摆渡的繁忙。这位池水的老乡叫孙长青。

新站好找也顺道，火车站房建于1931年，是蛟河市级文保单位。围着车站转一下，转到了站内，顺利拍到了站舍的照片。田霖的兵营已经全部拆除，只剩高墙围起来的一片废墟。

（王葆林）

4月20日

今天采访用的是于化冰借的私家车。早上6点半先接上王葆林，再接赵聆实后直奔桦甸。今天的目标有两个。1. 老营盘；2. 官马山村。赵聆实做过功课，对细节有了解和把握，对启发老乡、搜寻遗址都起到关键作用。老营盘在桦甸夹皮沟金矿，名称源于清代以来的山东等地流民建立的基地，有营盘和前期的含意。车行约3个小时，过了夹皮沟镇后，到二道岔一个超市问路，老乡虽然热情，但对历史并不了解，没有得到有用的信息。离金矿尚有22公里，直达金矿。

诚如所知一样，金矿产区已经显露萧条，也可能是双休日的缘故，街面上很少见人。在矿区广场拍照时，有一位老工人路过，攀谈中他推断说老矿区应该在老金厂，山上有日本人修的碉堡等。既然已经到此，把见到的遗址和金矿概貌都拍下来也是收获。返程接近夹皮沟镇是处平房成片的区域，赵聆实说，这样的建筑面貌接近历史实况，决定选个高处拍照。

山坡很陡，小心地爬到山顶，见一老者在山上溜达，赵聆实搭讪，问可知老营盘？老者爽快回答：老金厂就是老营盘。赵聆实又问，老金厂在哪？老者手指山下左右一划，答曰：这地方就是老金厂！惊喜来得有点意外，可他为什么这样肯定？未等疑问出口，老者自己解释，他是夹皮沟学校的老师，学校的校长抽到乡里写史志，调查了好几年才写出来。他俩关系非常好，乡志印出来后，还送给他一本，乡志里就是这么写的，他还保留着这本乡志呢。老者热情邀我们去他家看这本书，我们趁热打铁，直接到了他家。老者找出精心保存的乡志，一一指出了相关内容，果然有老营盘的出处。原来老营盘是这里最早的地名，是山东人、河北人来挖棒槌（人参）时的住地，后来这里发现金砂，出现淘金热，便改称老金厂了。相关内容一一翻拍留存。老者是夹皮沟中学的数学老师，75岁，叫尹作谌，赵聆实与他互留电话号和微信，建立了联系。这本志书上没有冯占海在老营盘宣布起义抗日的记载。我们答应将我们了解的情况提供给他参考，为乡志补充资料。尹老师再次带我们上山，介绍老金厂的概况。我们成功拍到想要拍摄的图片。上山时是爬陡坡，而山后却是缓坡，尹老师领路，下山后又领我们把镇内的重要遗址拍照记录下来。

有一个情节，感觉有必要记载下来。赵聆实从有关文献上查到，冯占海在老营盘贺家大院驻军，宣布抗日。这个贺家大院尹老师不知道，无从寻找。尹老师说没听说过贺家大院，这里只听说有韩家大院。韩边外就是从这里起家，韩家大院赫赫有名。我听尹老师重复贺家大院时，他有山东口音，虽然不是很重，但也能听出他发贺字音时，有韩字的腔调。于是我提出有没有这种可能：这个贺家大院，就是韩家大院。因为山东人在发韩字音时，与贺字相近，当时如果记录者没有分辨清，而记成贺字呢？赵聆实略加思索，赞成我的分析，连连说有道理。

老金厂面积不大，如果确定韩家大院，判断只能是在现镇政府大院的位置，刚好是依山傍水，正对风水。至此，解开了老营盘的一个疑团。

工作午餐，在近3点赶到桦甸城区时才吃上。

接近晚6点，到官马山村。官马山是大地名，官马山村是小地名。官马山村因关门山而得名。关门山是东西两座对峙的小山，把中间一条南北向的道路卡守其中，好似门扇一样。据传乾隆东巡时曾在此牧马，故称官马山。史料载：冯占海在九一八事变后，于9月20日撤至官马山驻扎，司令部就安在官马山村陈家大院内，在此三次拒绝熙洽的诱降。官马山村分道东道西两部分，原来的公路从西屯中间穿过，村北老学校和土城、土壕已经消失得干干净净。退至村庄1公里处，从田野中向村庄方向看，还是能看到两山相峙扼守村庄的情势。经正在维修拖拉机的李姓老乡指点，道东6队村里有座刘家大院，青砖小瓦，是老房子。过去一看果然是老房，但几近坍塌。太阳已经下山，光线很差了，匆匆拍照，告别官马山村。

晚7时许，赵老师披星戴月返回春城，从车站东广场进站。至此，需要补拍的几处重要遗址、事件图片全部顺利拍摄完成。

（王葆林）

7月21日

星期日，阴有阵雨。距离省考古所第一天进驻代王碇子密营并开展部分遗址清理工作已经有10余天。按进展，遗址清理工作已开始收尾。

上午9点前后，项目组于化冰、赵聆实、王葆林、修瑞一行4人到达遗址清理现场。不多久，省、市文物部门的专家也到了现场，与我们纯属"偶遇"。

经过10余天的清理工作，几处遗址的原貌已经基本被从70多年厚积的腐殖土之下揭露出来。之前的"温家老屋遗址"因为覆盖在大量灌木和野草之下，只有少许生了青苔的石基斑驳在地表。如今，整个房屋的基础框架全然地裸露出来，石基、火炕、锅灶、烟道一应具在，面目清晰，一目了然。而原本呈现椭圆形状的10号地窖子，清理之后才发现，原来竟是一个长约5米，宽约3米的长方形阶梯状"地下房屋"，比之前我们测量的规格要大很多。地窖子里有多层土平台，平台的规格由最上层向最下层逐次收缩，可搭设床铺，可放置物品，实用性强，颇为讲究。

纪录片摄制组的丁传江和郑国辉也带着设备到了现场。他们之前一直在关注清理工作的进展状况，之所以迟迟没有到现场摄取镜头，因为始终没有出现他们预想的效果。他们在等考古队挖出"宝贝"。这个"宝贝"就是枪支弹药，或者至少与枪支弹药有关。然而，现在情况是，清理工作已接近尾声，到底遗址里有没有"宝贝"，谁都无法确定。但能够确定的是，如果再不摄取镜头，清理工作一旦结束，就连补拍都将为时晚矣。

其实，对于这个项目来说，项目组是有共识的：清理遗址，最大的意义不在于出土武器弹药，而在于让大家更清晰直观地看清遗址的原貌特征，为给遗址定性提供更科学更坚实的重要佐证。比如10号地窖子的清理让大家得到了更加肯定的答案——地窖子确确实实是人工修建的，而非自然形成或者其他动物制造而成。对地窖子的结构、特点、功能等有了直观和深入了解。

省考古所的同志感慨，国内关于抗日义勇军、抗联密营的地窖子，如此科学清理的，至少在吉林省境内，代王砬子密营是头一份。

这是一种肯定，也是一份激励。

（修瑞）

7月29日

天气阴。今天进山的任务有两项：一个是带领测绘队就新发现的几处遗址进行测绘，一个是指导工人对之前清理的3处遗址进行保护性回填。

赵聆实对遗址回填的事情放心不下，赶早班的动车从长春赶到吉林，一定要进山现场指导。前些日子扭伤了脚的于化冰给伤脚打了绷带，一瘸一拐地也跟上了山。

连日来，山里下了几场不小的雨，雨水饱和，"温家老屋"遗址里已经有少量积水，好在对遗址影响不是很大。天气预报显示，未来几天将有大范围降雨过程，遗址的保护性回填工作迫在眉睫。

按照赵聆实的建议，吴玉忠安排村民购买了大棚使用的厚质塑料布。工人用塑料布将遗址完全覆盖，填土掩埋。遗址周边挖排水沟，防止山水破坏遗址。在给10号地窖子遗址挖排水沟作业中，白玉良无意间于遗址南侧1.5米处挖出了红色火烧土。此前，省考古所在给该处遗址做清理时，尽管发现了部分铁锅、陶盆、瓷碗的残片，却始终没有找到用火痕迹，这让大家很是疑惑。此次火烧土的出现，解开了这一疑惑。火烧土呈圆形集中分布，圆形最大直径0.93米，可架用8至10印铁锅，这与之前发现的8印铁锅锅碴相匹配。

遗址测绘与遗址保护性回填同时进行。按照先远后近的顺序，赵聆实和修瑞带领测绘队的3名工作人员先到三号营地，就年初新发现的有明显用火痕迹的32号石棚，以及33号半地穴式马架子房遗址和34号地窖子遗址进行测绘。仅仅不足半年时间，因为没再前往三号营地，曾经被项目组硬生生踩出来的通往三号营地的路，如今再次湮没在了森森草木之下。在距离34号遗址不远处有一株倒树，树木于青草灌木掩映间，蓬出几十簇金黄色的榆黄蘑，菌香扑鼻。

从三号营地返回至二号营地，再从二号营地向南一直攀至山梁。由于新发现的35号地窖子哨位遗址距离二号营地操练场遗址较远，且之间山势较陡，密林丛生，乱石遍地，给攀登者造成不小的麻烦。等到大家终于攀至目的地，测绘队的两名工作人员甚至出现了低血糖状况。

此后，二号营地的36号物资洞遗址和一号营地的38号半地窖子哨位遗址测绘工作都顺利完成。期间，从36号遗址返回途中，因为走错了方向，无意间在距离36号遗址100余米远的一处山梁附近，又新发现了37号地窖子哨位遗址。该遗址人工痕迹明显，且遗址旁边发现有大量散落的木炭。

大家不禁感慨，每一次进山调查，都有新发现。看来，代王砬子还藏有很多秘密。

（修瑞）

8月6日

周日（4日）上午7点至8点间，代王砬子抗日义勇军女战士邓桂兰在吉林市人民医院病逝，享年95岁。修瑞、卢迪代表项目组，当日前往邓家吊唁，送去花圈。今晨天还没亮，项目组组长于化冰代表项目组送老人家最后一程，在送行的路上于化冰发自内心的感慨，写下了这首悼词，并在追思会上朗读，悼念代王砬子抗日义勇军战士邓桂兰，这是最后的告别！

不能说的秘密
——悼念抗日义勇军战士邓桂兰

于化冰

雨在起灵的时刻，

渐渐沥沥温柔地下着，

这是上天为您哭泣。

我在您的灵前带着不舍，

燃起纸钱，

叩首！叩首！再叩首！

火在黎明前，

照亮了您安详的遗容。

双手合十告慰英灵，

请将代王砬子抗日义勇军遗址发现之事，

转告您的战友。

我们记住了英雄们抗日的精神，

我们记住了代王砬子山里的故事，

我们记住了当年你们如何打鬼子。

我们也知道了，

当年捣毁日军火车的人，

是您的战友。

我们记住了您和战友们，

在营地里养精蓄锐坚持斗争的故事，

我们会永远记住九一八这个屈辱的时刻！

您安详地离去，

您可以与老伴温传声相聚，

再叙当年代王砬子的故事，

说说儿孙的幸福，

说说您的思念，

说说您是如何坚守不能说的秘密。

请您告慰英灵我们不会忘记，

不会忘记您和战友们保家卫国的壮举，

代王砬子的故事将永远流传，

我们会将民族精神弘扬，

我们会为抗日英雄们祈祷，

我们会在您的灵前默哀。

您传奇的一生，

在平凡中铸就着不平凡。

在密营里您无怨无悔，

默默地奉献，

让您的战友们在艰难的时代

也能吃上香喷喷的煎饼。

您用您伟大而弱小的身躯抵挡野兽，

您用智慧战胜黑熊的袭击。

您为这些最可爱的抗日义勇军做鞋和缝衣，

您坚守老伴温传声的纪律，

不能说！不能说！

直到在您耄耋之年，

我们才有缘揭开这段尘封的历史。

让我为您送行，

送您最后一程，

在这个下着小雨的清晨，

安息吧！我们敬爱的抗日义勇军战士！

（赵聆实）

附录3　纪录片《密营寻踪——东北义勇军代王砬子密营遗址探寻始末》脚本

第一集　沉默的大山

【解说词】

2016年9月，吉林市龙潭区档案局于化冰局长接到区委组织部和宣传部联合安排的一个任务，那是中央统一部署的东北抗日联军历史资料的征集工作。

【人物讲述】

于化冰："因为抗联他都不在城里，他都在山区，在偏远的地方，所以很多人就认为这个项目在区里面不会有太多的收获。当时的思路就是说撒开一个网，从民政的在世的老兵入手，因为在世的老兵咱们龙潭区只有六位。"

【解说词】

2017年的夏天，于化冰开始组织人对在世的六位抗日老兵进行口述实录调查，但收获并不大。这一天，江密峰镇的党委书记牛爱民、镇长孙涛和副书记王春来档案局，和于化冰研究工作。一句简单的问候，却让一个特殊的线索从天而降。

【人物讲述】

王春："代王砬子山你去过没？"

于化冰："（王春说）我们那个江密峰镇南沙村代王砬子据说老百姓看见过有密营遗址。我说这个不大可能。但是他说有啊，真有啊！驴友还在那挖出过枪呢。"

牛爱民："村里的老人讲，当时在山上生活过的人现在还有健在的，而且老百姓在登山的时候，发现有不少当时用过的手榴弹弹柄，还有当时的日本刺刀。"

【解说词】

王春说的地方是江密峰镇南沙村的代王砬子山，那里有疑似密营遗址。这座山海拔并不高，主峰代王砬子669.56米，最高峰宝贝砬子也只有848.81米，离市区不过三四十分钟的车程。山势陡峭，整片山脉向蛟河方向绵延百余公里，山区植被茂盛，针叶林与阔叶林混交，林深草密。于化冰迫不及待地要去看一看，于是这个夏天，两个单位在一起搞了一次支部活动。可惜来到代王砬子山下，却被告知夏天林密，树叶封山，不适合田野调查。

【人物讲述】

于化冰："人家不说，不怕贼偷就怕贼惦记。我就把这事惦记上了。惦记上，就想等到时机成熟的时候，我会再来。"

【解说词】

接下来的三个月时间里，代王砬子这座大山一直横在于化冰的心里。

【人物讲述】

于化冰："人生有很多遇见，那么你遇见了，你用一个什么样的态度，什么样的责任心去面对？越是未知的，越是这种很难解开的这种谜团，我可能反倒还有那种斗志在里面。首先我自己决定，我想往下走，我想解开。那么怎么去解开？要对国家对历史负责任，这是首先的前题和最起码的基础。那么要科学严谨去做好这件事情，其实我也有压力。如果你投入了大量的精力、人力和物力的时候，那么你发现的却不是你想的，不是他们说的那样的时候，我压力很大。不去解开这个谜底，可能要留很多遗憾。那么要解开，我要面临这么多的压力，我如何去收场？"

【解说词】

天渐渐凉了，于化冰内心的好奇心和激情，却越来越热。她第一个想到的就是给原来吉林省博物院的副院长赵聆实老师打个电话。

【人物讲述】

于化冰："赵聆实老师他是研究抗日历史、革命历史，研究了四十年，而且做了很多相关的调查。用他的话，他对抗联的研究，对抗日历史和革命历史的研究，是用脚走出的学问。所以他是非常有经验的。这样的话，我就找到了他。因为我们俩是好朋友，还是影友，我们经常一起出队去做一些事情。这样的话，我就找到他，他一口就给我否定了。"

赵聆实："于化冰给我打过电话之后，我马上就回答她说不可能。这个地点离吉林市太近了，如果有抗日密营，早就被鬼子发现了，而且这个地方山并不是很高，平均海拔只有三四百米，藏着一支抗日武装，这种可能性是太小了。"

于化冰："我心里也有点凉了半截。但是我这个人吧，有点不甘心。怎么就，经验就都是对的吗？就不能有例外吗？"

赵聆实："十一的时候，我和于化冰一块参加了一个摄影组织的摄影活动，到内蒙古的代钦塔拉。这个期间，化冰就不断做我的工作，做的我都不好意思。她说赵老师啊，你能不能在吉林再待两天，咱们到山上看看去。"

于化冰："他老妈家在吉林嘛。我说你就到吉林下车，然后你住一宿，第二天咱们上趟山，我约一下这个人。因为找一下向导，没有向导领着，我是不认识的。就这样让我软磨硬泡，就把赵老师给忽悠来了。"

【画面音】

吴玉忠（南沙村党支部书记）："这么走，化冰说的你老忙了。"

【人物讲述】

赵聆实："是。10月6日那一天下午，我和于化冰来到了南沙。南沙的村书记叫吴玉忠，当时他作为我们的向导，领我们登上了代王砬子。这也是我们第一次登上代王砬子。在登山的过程中，山上根本就没有路。吴书记边走边跟我们讲，这时候在路的右边有一块巨大的石头。"

吴玉忠："它搭的这是棚子，看不出来。当时我们这些小孩从那顶上往下去玩，打圆枣子，拎着筐啥的。有个大孩子就招呼，黑瞎子来了。这些小孩全跑了，呼呼地顺着山往下跑。跑着，有一个叫樊兆江的……"

赵聆实："吴玉忠就说，这个地方当时我们来到山上玩，这时候就有一个孩子喊，熊瞎子来了。我们吓得就往山下跑。当时一块玩的一个叫樊兆江的伙伴，就扑通一下，就在大石头这个地方掉下去了。"

于化冰："就像类似于陷阱一样，掉下去了，完了然后才发现，那里面是一个小屋，还有一个门，里面还有一个搭的类似小炕似的地方，还能躺下两个人。当时就发现，原来这里面是一个隐蔽的小房子。"

赵聆实："看到这块大石头啊，它有人工平整土地的痕迹。再一个，在这个石头上如果斜搭上木头之后，上面如果再盖上，是一个天然的窝棚，这么一个东西。它所处的位置可以清晰地看到从山下来往的人。"

于化冰："当时虽然是兴奋，但他们并没有完全确认就是，因为那是第一个发现。整个作为一个密营，它是应该有一个布局的，应该有一个军事布局。"

【解说词】

从这块大石头向上没走出50米远，就翻上了一座山梁。接下来，吴玉忠带领二人看到了一个毫不起眼的大坑。大坑里长了一些小树，坑底上覆盖了厚厚的树叶。没想到赵聆实看到这个坑，就开始兴奋起来。丰富的经验让他立刻就联想到刚才看到的那块大石头，其实是一个哨位。

【画面音】

赵聆实："吴书记，这个方向是什么方向？"

吴玉忠："这是东，这是南。这是正南。"

赵聆实："这个坑跟哨位来看，它们俩之间有关联的。这个坑的位置从现在看是一个向阳，而且正好处于岗的边上。它符合建密营的这种特点。当时看到这个坑之后，我一愣，这跟我这些年所见到的密营的地窖子遗址非常相似。很明显，它是一个人工挖掘的坑。而且看到这个坑之后，我当时从山下买了一把铁卷尺，然后我和吴玉忠说咱们量一量，咱们量一下，我下去，我牵到那边。来，吴书记，这个方向应该是正北正南吧？正北正南，你那读数是多少？"

吴玉忠："5米9。"

赵聆实："南北长是5米9 。咱们看一下东西。到那坑边，吴书记大概是这样吧？你看一下读数是多少？"

吴玉忠："5米。"

赵聆实："东西是5米，南北是5米9。这个地窖子还是比较大的。现在分析看啊，这个地方应该是当时的入口，这个位置。这里边搭炕啊，烟道应该从这个位置，顺着山坡烟从这个地方上去。这是个暖窖子，就是说里面是可以生火的。"

于化冰："能住几个人呢？"

赵聆实："这个里面住四五个人没问题。"

于化冰："那就是挺大的。"

赵聆实："挺大的。它正好和一号哨位，它俩之间是一种很强烈的交集关系。我量了一下尺，周边我又进行了巡视，看出了有明显人工挖掘烟道的痕迹。这就说明这个坑是一个人为挖的，可以居住的一个地窖子遗址。但至于谁挖掘的，这还需要进一步的调查才能够知道。"

【人物讲述】

于化冰："那么从专家的眼里看它，它就是一个，用专业的考古（术语），它就是一个半地穴式的这么一个房基址。"

赵聆实："因为作为地窖子，它是有这么几个特点。它要向阳，要背风，所以说在冬季来的时候，这个地方人才能居住。如果你要在山顶上或者是你在背阴处，那这样的地方住人，人就要冻死了。"

于化冰："用抗日战争密营这个专业角度看，它就是一个地窖子，暖地窖子。用咱们话说，一个会修地窖子的专业技术人员，来做的这么一个地窖子。那么它和一号之间这个位置也是很专业的，它和它之间就有这个一个漫岗隔着。你在对面一号这块你看不见它，同时它俩之间离的位置还很近。这样会造成什么呢？给第一个哨位，它是一个换岗。"

赵聆实："那天我们继续向山里边走，在走的过程中，我们先后看到了一个叫作'温家老屋'的房基的遗址，还有井泉子，还有马架子，还有地窖子，还有当时在乱石上架的木栈桥的痕迹。整体那天给我的感觉呢，就越发地在我心目中勾勒出一个面貌，就是说整个看到的这些遗址遗迹，明显地是人为的一种建筑。"

于化冰："他（指赵聆实）很兴奋，因为没想到嘛。"

赵聆实："我就在想，什么人在这里面建的，建这些东西是为了什么？所以从我心里，我对它就更加的想知道一些更深入的东西，觉得这个调查是有意义的，未来还要再来看看。"

于化冰："问号来了。这伙人是干什么的，当时这伙人哪来的，去哪了，干了什么，这个营址下面还有什么，布局是什么样子的？这么多的问号，越来越多的问号，比刚上山的时候问号更多了。带着这么多问号，从他专家对学问的这种执着，他绝对不会放弃的。这是他。对于我来讲，那我撕开了一个口子，我决不会放过它。"

【解说词】

10月6号那天下山之后，于化冰异常兴奋。代王砬子是一个巨大的谜团，而隐藏在这谜团之后的，或许就是一个重大发现。这让她倍感压力又充满了动力。她用半个月的时间扩充了调查组的成员，10月24日再次进山。

【人物讲述】

修瑞（中共吉林省委党史研究室四级主任科员，时任中共龙潭区委宣传部宣传科长）："然后车上的时候，于化冰说了，那儿发现了密营，说是义勇军的密营。这个时候，赵聆实还专门纠正一下，说是疑似密营。"

赵聆实："我说现在只能叫做疑似密营，因为我们现在刚刚开始调查，它到底是个什么，还需要通过调查才能得出这个结论。"

张页若（原吉林市档案馆研究员）："10月24日，我们第一次踏上代王砬子山的时候，当时领队是我们组长于化冰。同时首席顾问应该是赵聆实。我和赵聆实是大学同学，我们都是学历史的。但是我知道，他这几十年始终是研究抗联史料的。如果说这些同学在一起，赵聆实研究抗联史料，那是真正走出来的学问，而不是坐在办公室搞的学问。所以说呢，对于他加入这个项目组，我的心里一下子就有底了。因为他从他专门的角度，在全省范围之内应当是首屈一指的。这个份量和经验足可以撑得起这个项目组。"

王葆林（吉林市政协文史研究员）："赵老师在车上明确的公布了纪律，大概有这么三项。第一项组织机构，谁是组长谁负哪一方面的责任，赵老师在车上已经明确了。第二项严格保密，我们没有成果公布之前，任何人不许自己说出去，没有指示的时候任何人不许泄露。第三，我们是一个集体的活动，这是一个集体的项目，不是个人的成果。讲的很清楚，明确的记下来，大家都点头同意。"

赵聆实："当时大家在车上议论很多，有的同志说这个东西能是义勇军的吗？能不能是土匪的啊？能不能是打猎人挖的啊？"

王葆林："因为挖参的、伐木的、土匪，他们都曾经在这山上活动过。"

赵聆实："当时我就这样讲，这个地方各种可能都是存在的，但是从当时的情况来看，和吴书记介绍的情况来看，这个地方它更有可能是抗日武装他们的居住地。而且如果说是抗日武装居住地的话，那么这个发现那是一个震动性的。"

张页若："就是当时我们在讨论过程中，说如果这个项目要确定是抗日义勇军密营的话，那意义太大了。"

王葆林："我不是泼冷水，能不能是山里贡山采蜜的、打猎的？他们活动的遗迹和义勇军没关系，有没有这种可能？咱们也要有这种思想准备。"

【解说词】

调查组的成员还没有走进代王砬子，关于这座山的历史先在头脑里鲜活起来。代王砬子位于吉林市城区东侧，直线距离约15公里，地处蛟河市、丰满区和龙潭区交界。当年从北京城一直通向黑龙江宁古塔的古驿道，正是经过这里。可以说那时候代王砬子的交通十分便利。而作为贡山，又有专人在此为皇室采捕贡品。山里盛产山里红、山梨、野蜂蜜、野韭菜等各种野味，丰富的食物资源又与恶劣的生存条件构成这里独特的神秘氛围。冬季山里气温可达到零下30多度，积雪没过膝盖，密林之下遍布着大片的花岗岩跳石塘，石屋、石洞、石坑、石缝随处可见。藤蔓凌空密布，脚下带刺灌木遍地，黑熊、野猪等野兽频频出没，各类毒蛇在石塘间隐匿。代王砬子上建有密营，到底是有可能还是没可能，这成为悬在调查组成员心中最大的疑问。

【人物讲述】

张页若："远距离看这座山的时候，感觉到这个山并不高，也不陡峭。但是一走进之后，一看见草深林密，石砬纵横，这种环境在北方作为游击区、游击点，这是特别适合的。因为我们知道，今天我们现实中可能许多东西都改变了，但当年那种林那种草啊，野兽出没那种环境，再加上人烟稀少，那个地方确实是一个良好的藏兵之地。"

王葆林："这个山峰险峻，但是山很平缓。它这个石头特别多，风化之后变成了烂石塘，适于藏兵，适于防守。攻不利，守容易。是这么一个地方。"

修瑞："村长领着上去的。村长说了，这山里他从小长到大。但是他早上领我们上山之后，就给我们领丢了。"

于化冰："一早来到了代王砬子沟口，头一天晚上可能是下了霜，那么我们在沟口就发现灌木丛的根部有白色的东西。这个白色的东西是什么，开始我真没太注意。我们同行当中有的人是摄影发烧友，他们对这种东西非常兴奋。它是冰花。它是怎么形成的？实际是头一天晚上下霜，雾很大，然后这个沟口应该是有风，风也很大，用风的力量把这些非常浓的雾和霜挂在了灌木的根部。往上走的时候，大家边走边拍边兴奋。往前走的时候，走到应该拐弯的地方，我们这个向导实际上他并没有相机，他也不拍，他也不去看这个东西，但是他就领我们走错了。发现这冰花越来越多，越来越漂亮。"

修瑞："说第一次上去用了半小时就到地方了，这次走了一个多小时，没找到地方。树也比较细小，不是那种特别茂密、特别大的树林，应该也是之前被破坏过，这都是次生林，也没有什么特色，很容易迷路。"

赵聆实："我们走错路了。我们已经远离了我们要去的营地的方向。所以大家这时候又赶忙转回来，又重新找到岔路才走回去。"

于化冰："当我们走到正路上的时候，却发现没有了这种冰凌，一个都没有了。同时因为是已经到了深秋，温度已经很低，因为在走错的那个路上风很硬，大家觉得秋风瑟瑟。那么等到走上了正路的时候，却发现这种凛冽的秋风已经没有了，很暖。"

赵聆实："因为北侧的山岗有横向的山岗，就是说这种山岗是属于南北走向的山岗。在南北走向的山岗，正好在它向阳的这一面，适合建立地窨子，它就温暖，而且适合居住。同时这个山岗它有个重要的作用，就是一旦发现险情的时候，人员可以迅速地撤退到山岗上，然后转移。有那么一句话嘛，山岗就是抗日武装的高速公路。这里边转移是非常迅速的。"

于化冰："那么这一个走错路，恰恰却认证了当年密营遗址选择上的正确。"

王葆林："咱们说第一号的那个哨位。这个地方吧，我当时看了以后不以为然。说是能是个哨位呀，搭个木头啊，如何如何。我觉得这地方太普通了，不适合于军事上的应用。"

修瑞："我走得比较快，我走在前面，没有注意后面。赵聆实老师就说了，这个大石头就是一个遗址，就是一个哨位的遗址。我还专门过去看一眼。那这山上全都是大石头，那你凭什么说它就是一个？"

王葆林："你要是哨位，你应该隐蔽一点，不让别人看见你。这明晃晃最大的一块石头，太显眼了。"

修瑞："这就是吴玉忠他自己讲个故事，现在咱们去看，啥也看不出来。"

王葆林："我认为能是密营，应该是上了山之后的第二号营地，那个坑。那个坑是很典型的地窨子。"

赵聆实："二号的遗址，它这个遗址主要是一个地窨子。这个地窨子很典型。"

修瑞："这个坑挺大，能够看出来确实是人工的坑，得十来平那么大一个坑。"

【画面音】

赵聆实："坑沿，我这沿在这呢，东西4米啊？"

修瑞："4米。"

【人物讲述】

王葆林："那个坑是很典型地窨子，非常非常典型。因为东北这个地窨子我看的很多，那个确实是。而且越来越明显，它作为一个军事应用是非常明显，在山的山脊的侧面，而且你从正面看，看不见它，它在背面，它能看见你。这个地方确实适合于军事上的应用。"

赵聆实："我跳到坑里面，当时在下边这是一个暖窨子。所谓的暖窨子，就是在下边用石板可以搭上炕，冬天在里边烧上火。然后它顺着山势挖的烟道，烧火之后吧，烟是从这个位置，然后顺着山坡上去。这样顺着山坡上去，可以隐蔽。在很远的地方埋上烟道，烟从这个地方不会被人发现的，可以隐蔽的。"

张页若："这个坑当时应当是在一米半深左右，这肯定不是它当年的深度。因为随着岁月，这个坑要浅了许多了。最奇怪的是我们走到跟前了，这个坑如果草一盖的话，你根本发现不了，而这恰恰是护坡出现这个坑，这个地理位置确实好。"

修瑞："它这个坑确实背风向阳，靠近山梁，然后它下面还有水，离它不远还有水。是这么一个地方。有的时候我看那个坑，咱说了它可能是人工，那也有可能是野猪去拱的。有的时候大野猪拱，拱个坑。几个猪也能拱出那么大个坑。它那边是贡山，贡山的话，当年清朝的时候，采捕什么贡品，得住在那啊。是不是他们这些人挖的坑，那都不一定。没有证据。"

于化冰："采捕贡山，打牲丁上山完全是不一样的。打牲丁上山，他是官方派去上山的，他是一个明的，他不需要有哨位，也不需要用军事的眼光去（布置）。即使他在山上需要过夜的话，他也不需要去防范，像有军事这个布局去布置。它这个遗址之间有这种关系。"

张页若："这个坑的话，要我看不会挖掘出来什么东西。这么几点（理由）。第一点，它不是永久居住的地方，它应该是一个临时哨位休息，或者是警卫的地方。这是第一点。第二点呢，这伙人在撤离的过程中，应当是撤离得比较从容，所以说他应该是带的东西很全，该带的都带走了。第三个就是它这个里头因为地方比较小，它不可能把一些东西放在那。我们想，如果挖掘的话，这块会不会出现弹壳之类。但是它又不可能在密营发生战斗，因为密营要是发生战斗，整个密营就得丢了。密营就是得保持它高度的机密，就是我打完仗之后我回来休息、藏匿的地方。所以子弹壳这东西它不会有。"

王葆林："义勇军的话，他会插枪。这个插枪，他把枪藏起来，藏到石缝里，埋到土里，插枪。义勇军、东北抗联都有过这样的行动，这个军事术语就叫插枪，插枪离队。"

于化冰："（那天）一共扛了30面红旗上山，拿起了1号红旗插在了第一个遗址的位置。"

赵聆实："当时插上这面旗的时候，我觉得我们整个调查的第一步终于迈开了。"

于化冰："作为一个共产党员，我在革命的遗址里面插上了第一面红旗，可以说这种心情很复杂。"

赵聆实："下一步，我们沿着这条路，我们将继续进行探索，心情还是很复杂的，也很激动。"

于化冰："很欣慰很兴奋，所以我们在第一号遗址前面，我们所有人拍了一张合影。"

【画面音】

赵聆实："多少米？"

修瑞："6米，6米2。"

赵聆实："再拽一下，拽直了，行。多少？"

修瑞："10米7。"

赵聆实："这个就是温家老屋，它这个房子的石头基础，这个是一个方角，向这个方向延伸的那就是东北方向。东北方向这是长边，长边这个方向是10米7。然后西南方向这个边6米3。所以整个房屋面积大约70多（平方）米。它整个朝向，这个房子是朝向东南方向，基本上算是一个正房。吴书记就跟我们介绍，当年这个地方住着一个姓温的一家农户，主人叫温三儿，他们家有老伴和孩子，在山上居住。当时我就感觉到这个密营遗址，和温家老屋它们建在一块，它们之间是一种什么关系呢？为什么在密营里还会发现农户的这种房屋呢？我们觉得挺有意思。似乎这里边还隐藏着一段我们不知道的秘密。"

【人物讲述】

王葆林："在山里面很苦的一个环境中，山下也能生活，为什么要在山上呢？它就有点奇怪了。如果说他在山上有正当的职业，种黄烟、种玉米，它那周围现在还能看出来痕迹。原来是玉米地、黄烟地，能看出来，这能做他身份的一个掩护。要不然的话，山上这么孤零零的一户，他怎么生活啊？这就很奇怪了。"

张页若："我感觉它应该是一个民宅，因为它是一个石头的房基，这种石头房基如果做一个部队，就临时居住或者作为它的密营的话，应该是不会整得这么从容。所以说当时我们认为，这就应该是一个民宅。"

【画面音】

赵聆实："当时温家人用水，都是在这个井泉子取用的。这个水是控山的泉水，非常甘甜。现在我喝一口，味道非常好。"

【人物讲述】

修瑞："赵老师还真喝了一口水，说挺好喝。他说当时那个是他们这伙人挖的井。其实我觉得挺牵强的，因为我经常跑山，我知道，这个洼水的地方可多了，尤其是石头底下，再有山洼子，很容易有这个东西。谁也看不出来。但是吴玉忠说了，他小时候还看过呢，说那有井台，那他看过，那可能了。"

【解说词】

调查组此时已经走进了代王砬子的中心腹地，大山默默无语，任凭这些有心人悄悄解读。

【人物讲述】

于化冰："随着进入第二（一）片遗址的营地的时候，大家发现了有地窖子遗址，有房基址，还有井泉子，还有碾盘遗址，还有马架子房遗址，哨位遗址，布局、类型都非常丰富。那么老百姓都管这个位置叫温家老屋遗址。那么温家老屋，这个温家的人他在哪呢？那么温家的人在这个位置的时候，当年他和这伙人，他们干了什么？他们是怎么生活的？甚至说他们这伙人当中，还有没有人能健在？这些问号如何去解决，怎么去解决，能不能解决，这是一个不知道的秘密。"

【解说词】

正午的时候，吴玉忠赶上了调查组。在他的带领下，大家又看到两处地窖子。

【画面音】

赵聆实："3米7，东北方向。"

【人物讲述】

修瑞："西坡那儿有两个连着的坑。这个时候，吴玉忠就跟我们说，当年在那，有个驴友，就是前几年，发现了什么呢，在那挖出来两条枪，还挖出来一把刺刀。"

吴玉忠："2016年的8月末9月初的时间，当时是一帮驴友从山上下来以后，我们的工人发现他们拿的东西里头有枪，还有刺刀。当时我弟弟，因为有规定的，不让他们把东西带走，就把他们截下来。拿下来以后，就给我打电话。我，还有我们村会计，我们就去了。当时把这些东西留下来了。留下来，就跟派出所联系。后期就送到派出所。"

【解说词】

山岗梁上有一处制高点，向前可以清晰地望见南沙村整片村庄，向后能够一览代王砬子主峰的全貌。

【人物讲述】

吴玉忠："小时候，就是十几岁的时候，我跟大孩子上山，上去玩，往山顶上爬。爬到顶上，杜鹃花也非常多，顶上垒着像石头墙一样的。我们小孩就推石头，咕噜噜响，往山下放石头。回头想，这也是山上什么设施。"

【解说词】

翻过山梁岗，一处六七百平方米的平整缓坡，展现在众人面前。

【画面音】

赵聆实："21米啊？这是南北是吧？

【人物讲述】

赵聆实："突然间上了漫岗之后，眼前豁然一亮。发现了一个明显就是人工修建的一个大概能有篮球场，比篮球场还要大一点，这么一个小广场。当时我站在这个岗上之后，我就感觉到有一种当年似乎一伙武装，在这上面接受上级的讲话。同时，在这里面进行训练集合。这样一个场地，有这样一种感觉。"

张页若："这个历史的时空，它有的时候和时间上没关系。你站在那个特定的环境，你一下子就能感受到那种时空。"

【解说词】

吴玉忠和小伙伴们的童年时代，对这座大山的探索就在这山岗梁上结束。好奇的目光和稚嫩的足迹就留在了山这边。关于那场屈辱和残酷的战争，留给吴玉忠的也只是支离破碎的记忆。

【人物讲述】

于化冰："据他所知，只有这些。但是从我们小组里面的人，尤其是我们首席专家赵聆实老师来讲，应该还有。他认为应该还有，但是吴玉忠说没了。"

赵聆实："我们已经发现了这些地窖子、哨位啊、藏东西的物资洞，等等啊。我觉得它不完整，它作为一个密营的营地的话，它无论是从功能上，从作用上，我总觉得它有缺失。所以我当时就说，向外边走还会有。"

于化冰："第二片营地再往东走，是一片跳石塘。用老百姓话讲，就是一片烂石头，没有路。而且这个石头下面还有很多的洞，还能听见潺潺的流水声，说明底下还有暗河有水。那么再往前走是什么，去不去？"

赵聆实："当时我说，咱们还得继续往前走。"

于化冰："赵老师还有吴玉忠、刘树臣。还有我、修瑞、王老师，我们这几个人，包括王春，包括扛旗的两个小伙子，我们一起往前走，留下了女生和张页若他们在二号营地。"

修瑞："吴玉忠，他特别兴奋，因为他那边他也没去过，他在前面带路走。"

赵聆实："这样的话，我们就深一脚浅一脚的，小心翼翼地往前走。走着走着，吴玉忠突然喊：'哎，这块又有新发现了'。"

于化冰："我还没等到呢，就听见他们喊了，这里还有啊。"

修瑞："有的也是房基址，有五个地窖子。"

于化冰："所有人心里都乐开了花，比捡了钱还高兴，比挖了宝还要激动。大家都纷纷地加快了脚步，甚至是小跑过去。"

王葆林："当说上边有三个地窖子连在一起的时候，当时听了非常高兴，和我们想象的，就是与心里想的越来越融合，吻合在一起了。军事常识告诉我们，只有这样才能构筑一个防御工事。这种形式正是我们所要寻找的，它竟然出现在我们面前。吴书记吴玉忠，他以前没注意到，这次一看非常高兴，他也非常高兴，他也是头一次看见。"

于化冰："这片遗址应该是第三片遗址，它和第一片、第二片营地的这种关系，应该是更隐蔽，因为中间隔了一片跳石塘，乱石塘子。那么用正常人的思维来讲，这是一个不可逾越的。"

修瑞："他一个营地的话，被人发现很容易就端了。这样他三个营地，我这个营地被端了，我大不了我跑去那个。"

于化冰："翻过这个漫岗，我们又发现，果然不出所料，确实有一个地窖子。趴在那个地窖子上，你就可以看见山下。如果有人上来了，或者是如果有什么情况，它会一目了然。我们最后给它插的旗是21号。"

赵聆实："我们发现的最东边的一个遗址，是一个哨位的遗址。它整个形成这样一个尖状的地带，它也可以观察左边、右边，还可以观察正前方。当时我就想，如果有一匹马，我骑着马一直向东走，可以走到蛟河，还会有更多的发现。"

【解说词】

山中的时光充满着兴奋和喜悦，沉默的大山不知什么时候送来初冬的清雪，似乎传递着它特有的温度。下山的时候，修瑞又有了新发现。

【人物讲述】

于化冰："修瑞打小他就有进山、野外自己生存的经验和经历。他就愿意掏，他就在这个后来定为29号，29号的遗址，把多年陈积的树叶子往外扒，他发现里面是一个洞。"

【画面音】

修瑞："赵老师。"

赵聆实："哎，发现什么了？这是个木炭，在这里面发现的？这里面用过火的。"

【人物讲述】

于化冰："那天我们准备了30面红旗，开始吧，认为也就是10面20面的，也应该就够了。所以，我当时是有备无患，我说做30面。"

赵聆实："一共发现了38处遗址，其中有6处是地窖子遗址，8处哨位遗址，还有其他像马道啊、马架子房遗址。这个发现可以说让人很振奋，整个这个遗址，它已经不是一个单一的存在，它已经形成了一个庞大的遗址群。这样，我们就把这三片营地分别命名为一号营地、二号营地、三号营地。这三个营地各自独立又相互联系，互为依托又互为防卫，它可以最大地发挥转移、观察、射击、隐蔽、伪装、防护以及进行战斗的最大的效能。比如说如果发现敌情，可以迅速地转移到安全地带，可以做好相应的准备。如果有小股的敌人来进犯，也可以相互配合，就地狙击，歼灭敌人。"

【解说词】

一天的踏查，沉默大山的馈赠。

【画面音】

赵聆实："这碗大小呢，这个沿，看看。挺大的碗，二大碗。"

【导视】

历史的一页被轻轻翻起，是谁在这里战斗，谁在这里生存？

【人物讲述】

于化冰："这种疑团，它会引领着我，推动着我。"

敬请收看，密营寻踪第二集——历史的回声。

第二集　历史的回声

【解说词】

2017年10月24日，调查组在代王砬子山中确定了三片遗址为遗址群。第二天，在吴玉忠的带领下，大家又迫不及待地再次登山，所有人都很兴奋，又掩饰不住各自的困惑：留下这些痕迹的人，他们究竟是谁，那是怎样的时代，要唤醒的又是怎样一个沉睡的故事？

【画面音】

吴玉忠："桦树皮啦、树皮盖上，完了就铺上草。"

赵聆实："铺上草之后，整个就成烟囱道。"

吴玉忠："对，就看不着了。"

于化冰："就是说，这些你当年，在八几年的时候，都亲眼看见过？"

吴玉忠："对，烟囱一踩有坑啊，不知道是干什么的，就一条沟，不知道干啥的。"

赵聆实："这些，吴书记都是当年你亲眼看到的。对，小孩玩，这个时间就是在……"

吴玉忠："上个世纪，1982年、1981年，这几年。"

赵聆实："那距离现在也三十六七年了。"

吴玉忠："35年。"

赵聆实："现在这些痕迹都看不到了。"

吴玉忠："看不到了。"

【人物讲述】

赵聆实："吴书记也是当年的亲历者，属于见证这个遗址的人。"

吴玉忠："我们老吴家当时应该是1929年左右，我太爷那个时候，买的咱们整个东片这片山。南沙河这一带，这块长一种草，叫烟绳子草。现在都没有了，当时这种草是种黄烟以后，用它晾黄烟用的。然后这些山的木材整出柴火，到冬天以后，拉到市内的柴草市去卖，供市内的烧柴。我小的时候，听我二大爷跟我爸就说，1932年到1933年左右吧，从蛟河方向、新站方向来了一股驻军，就在我们家这个山里头，在这住，一直待了十多年。"

赵聆实："吴玉忠讲，这伙人是1932年、1933年这个期间过来的，正好是九一八事变之后。"

王葆林："这伙人是从哪来的呢，这个历史的背景，在什么样的历史背景下展开的呢，我们就进行了深入的调查。"

赵聆实："九一八事变爆发之后，东北整个局势是处于一种被侵略的状态。当时吉林的守军是东北边防军，吉林副长官公署设在这里边，整个大权掌握在熙洽手里。熙洽早年在日本留学，同时又是一个皇族，他从心里来讲不想抵抗。冯占海当时是东北边防军吉林副司令长官公署卫队团的团长，当时他驻防在吉林市内，他的下面整个武器装备弹药都是非常充足的。熙洽说，你们不要打，我们没有力量，而且要等待外交来解决这个事情。当时冯占海就对他进行质问，我们的家乡已经濒临要被日本人侵略（吞）了，我作为军人，我应该报效国家。熙洽不同意，熙洽说你年轻人你不懂。这样就把他调防到官马山一带。"

【解说词】

24日，熙洽一天三派说客，威逼利诱劝说冯占海，都遭到了冯占海的严词拒绝。自此，冯占海率部揭开了吉林武装抗战的序幕。随后不断收编抗日队伍，给日伪以沉重打击，成为吉林抗日第一人（最早之一）。

【人物讲述】

赵聆实："蛟河新站在当时九一八事变之前，就是东北军一个重要守护的一个地点。时任东北军六七六团一营在这里驻防，营长就是田霖。"

王葆林："《抗日将领冯占海抗战纪实》这部传记中明确记载，田霖投奔冯占海之后，一起攻打吉林市。"

赵聆实："在1932年3月，田霖就率领他的部队宣布起义。当时我们在进行代王砬子调查的时候，我就想到，代王砬子和新站它们之间距离相对很近，那么这支部队和代王砬子的抗日武装，又是一个什么样的关系呢？"

赵聆实："1932年10月，冯占海率部在农安的三盛玉召开了一个重要会议，会议决定，已经到农安的主力部队，跟随冯占海去辽西热边；而留在吉敦沿线的部队，两位旅长带领，在原地坚守抗战，伺机骚扰敌人，迎接主力部队的东返。"

赵聆实："江密峰镇处于吉敦线上，当年是田霖部队的一个重要的游击区。他在这条铁路线上打击日寇，打列车、打站点，同时在这一带建立了他巩固的一个根据地。在这个期间，给敌人以很大的威胁。日伪对他进行多次的追击讨伐，后来田霖率领部队活动到辽宁清源一带，在一次战斗中，田霖英勇牺牲，时年只有33岁。"

张页若："田霖牺牲之后呢，苏剑飞领导剩下的一些部队继续抗日。这一部分人，他们应当是躲进了大山，执行当时冯占海军事会议上布置的任务，暂时留下来，准备迎接部队东返。他们应当是起这个作用。"

【解说词】

在原中共吉林省永吉县委第一书记于毅夫的文集里，调查组发现一篇名为《东北在动荡中》的文章，那里面有一段文字描述的就是当时的江密峰南沙村："就在那东山里，离省城20里附近的地方，北沙河的山边就有义勇军，三四百人时常在那出没。他们有时候神出鬼没地出来袭击日本军队，但是等日军来进攻时，他们又钻入崇山峻岭中，逃之夭夭。待日军过去，不知什么时候，这些爬山越岭的英雄们又都跑出来，仍然照旧地来生活。"

流经南沙村的沙河分为南沙河、中沙河、北沙河，都属于南沙村管辖。代王砬子山貌复杂，经常进山的人也容易迷路，不谙熟情况的人很难找到密营。钻进山里逃之夭夭是一件轻而易举的事，这与《东北在动荡中》一文的描述完全吻合。

【画面音】

吴玉忠："这上去是21号遗址的那个位置。"

赵聆实："直接就奔到21号？"

吴玉忠："对，这是一条上蛟河的路。"

于化冰："这个呢？"

吴玉忠："那个也是21号的东边一点，那是上宝贝砬子的，咱们先上21号，先上第二个营地。"

赵聆实："咱们大家注意观察一下，吴书记，观察这条路上至少应该设一个哨位，咱们注意看一下。"

于化冰："因为这条路你刚才不是说……"

赵聆实："因为这个地方开始上山了，又是两个路口的交叉地点，应该就在这附近。"

【解说词】

25号这一天，吴玉忠带领调查组走了条新路上山。这条路要比之前的路好走多了，村里人进山砍柴，牛车马车常走，而且沿着这条路走下去，可以直通蛟河。

【人物讲述】

修瑞："吴家人说是从蛟河方向一路过来的，那我想看看从蛟河那边能不能过来。"

赵聆实："在这伙人他们外出打仗的时候，打过新站，打过天岗，打过江密峰，他们都是利用马匹出去进行作战。但是当时选择道路的时候，如果走下面的路，就显得过于明显。我觉得他们应该选择一条更加隐蔽的道路，那么就是在山岗上。"

于化冰："吴玉忠说领我们走了一条新路，可以直接到达第二片营地。我们从山谷走到山沟，山沟边上有一条不足半米宽的小溪，还有一大片跳石塘。然后我们走着走着，这就快一个小时了。这山坡上越走越陡，然后路就没了。所以我就建议大家坐下来休息一下。"

赵聆实："坐下来休息，我们就随便聊一下我们这一天走过的地方，见到的事情。我就问吴玉忠，我说这伙人住的离你家很近啊。你家对他应该很了解啊。他们吃什么，他们粮食藏在什么地方？"

吴玉忠："这我就不清楚了。因为我家那时候粮食确实多，每年都在新粮下来以后开始藏粮，把粮食放到坛子里，用猪膀胱就给封上。小米啦、大黄米啦、高粱米啦，就放到地窖里，等到第二年就来回这么延续。就防止灾荒年啦、动乱年头啦，一直都在藏粮，一直都到解放以后，地窖里还有粮食。"

于化冰："吴玉忠说到他家藏粮食的事，我就看赵老师那眼睛一下子就亮了。"

赵聆实："这样一伙人在山上居住，他们要储备很多粮食。我就想，这伙人他应该把粮食藏在什么地方呢？山上有很多石洞、石窖、石缝，他们是否会把粮食藏在这里？我就问吴玉忠，当时你们家是怎么储存粮食的，没想到我这么一问啊，还引出一段小故事。"

吴玉忠："那个时候藏粮食的地方是经常换的，不是在一个地方藏。等到日本人来了以后，基本就是把粮食藏到我家有一个大的窖，非常深，非常隐蔽的一个地方。等到1960年挨饿那年头，别人家都吃大食堂嘛，没有粮食吃。我们屯里有一家姓曹的，他家生孩子，没有粮食吃，没有奶，这孩子都快饿不行了，大人也饿不行了。我奶奶就把这粮食，我父亲和我大爷半夜去把粮食拿出来。拿出来都是半夜吃。这样就给他家拿去点。给他家吃完以后，他家就给告发了，告发到我们大队。大队就把我爷抓起来了，把粮食都给抠出来了，全村吃了将近一年，全屯子没挨着饿。"

【画面音】

赵聆实："这个洞现在还有没有啊？"

吴玉忠："有啊。"

于化冰："能找着吗？"

吴玉忠："现在变成马圈了。"

赵聆实："马圈也不要紧，今天看看那洞。"

吴玉忠："让我给挖了。"

于化冰："你给破坏啦？"

赵聆实："破坏也不要紧。"

吴玉忠："给填上了。"

赵聆实："啊？填死了？"

吴玉忠："但是地方我知道。"

【解说词】

究竟在哪藏物资，像一个巨大的磁石，深深吸引着每一个人。带着些许遗憾，调查组继续登山。不过大家渐渐发现，进山前吴玉忠说半个小时就能到达第二片营地，可是不知不觉两个小时过去了，还没走到。

【人物讲述】

于化冰："我觉得啊，有点不对劲。怎么作为标志物的代王碰子看不见了呢？"

王葆林："我在一个山岗梁上看，前后左右都差不多，好像一样。我们是不是走错路了？"

吴玉忠："那个真是走麻达山（迷路）了。"

赵聆实："这个时候已经都11点多钟了。如果原路返回，再重新选择道路上山，时间已经不够了。这时吴玉忠说，咱们可以再翻几道梁，然后就会找到路了。我想，这山都是他们老吴家包的，他要比我熟悉得多，干脆就听他的，跟着他走吧。"

于化冰："翻过这个山岗梁，走在前面探路的吴玉忠，在对面的山梁上就喊，快来快来，这面还有一个地窖子。"

赵聆实："看到对面山坡有一个非常明显的一个坑，这个坑大概长宽各有3米。"

于化冰："这个地窖子显然不属于我们已经发现的三片营地的任何一个，但是它的深度、规格和样式，和我们已经发现的地窖子颇为相似。在距离这个地窖子大约有十几米远的地方，还有一个浅坑。在浅坑的前面，有几块青石垒砌的，

显然是人工的。"

赵聆实："这个地方我看了一下，也很像一个地窖子。这样我就招呼伙伴，咱们测量一下吧。"

王葆林："我觉得不是。水从上边这么流下来，正好在这一转，下去了。这应该是个水沟。"

赵聆实："我想了一下，这伙人骑马打仗，他们是带着马匹的。这里面如果有个水坑，存上水，人马都可以饮用。所以说，作为一个水源也是有可能的。"

王葆林："赵老师分析得有道理。短时间内没有找到更合理的解释。这个地方隐蔽性比较不错，但是视野不开阔，不像是哨位，好像是休息的地方。应该在附近还有个哨位。"

赵聆实："新发现的地窖子，拴马的平台，还有水坑。我们初步判断，它不应该是猎人留下的，它和我们以前发现的三片营地，在构造的方法上和方位上，他们都有一个很密切的联系。所以我们认为它应该是除了这三片营地之外，我们发现的第四片营地。"

【画面音】

吴玉忠："这片我真不知道也有。我承包这片山的时候，我一次也没来过。

于化冰："看着这布局，还有这些遗址，确实是像一片营地。因为没带红旗，我就用湿巾绑在树上，作了一个标记。"

王葆林："没想到咱们走麻达山了，意外的收获，又发现了一片新营地。"

赵聆实："确实挺意外。这个山太大了，太神秘了。这里面发现这些新的迹象，可以说在告诉我们，这个大山里面还不知道藏了多少我们不知道的秘密。"

【解说词】

在第四片营地，大家简单地吃过午饭，没再深入调查，而是跟着吴玉忠寻找离开大山的路。这片暂且被称呼为四号的营地，原本并不在调查组计划的范围内，它是莽莽撞撞地闯进大家的视线的。它的出现不得不让调查组重新审视代王砬子这伙人的活动范围和活动能力，并且让大家觉得冥冥之中，有一种力量在引导他们的调查方向。

10月26日，调查组邀请了吉林省第二地质调查所的测绘人员，开始对三片遗址的基本方位和地形进行测绘，将密营和周边多地的距离关系以及山形直观呈现出来。

【画面音】

赵聆实："这个到这棵树，那到那块石头。"

【解说词】

那么，代王砬子密营遗址的主人是谁？他们怎样生存？他们怎样战斗？他们最终去了哪里？

随着这些神秘人活动范围的呈现，调查组开始了长达18个月的调查走访。

曾经生活在代王砬子山下，还健在的吴家三兄弟，为调查组拉开了历史的帷幕。

【画面音】

赵聆实："大爷，我们到这来看看您老人家。"

吴云富（吉林市江密峰镇南沙村村民，吴玉忠二大爷）："感谢你们。"

赵聆实："想了解一点老事儿。您老怎么称呼啊？"

吴云富："我叫吴云富。"

【解说词】

今年90岁高龄的吴云富住在一家养老院里。虽然不识字，但是在吴家健在的三兄弟里，属他经历最丰富，头脑最清晰，也最善谈。

【画面音】

吴云富："有一伙人的事儿？"

赵聆实："对对对。"

吴云富："这伙人就叫东北军。"

赵聆实："叫东北军？"

吴云富："他们人员不多。"

赵聆实："有多少人哪？"

吴云富："有二三十人吧。"

赵聆实："二三十个人。他们什么时候到这来的呀？"

吴云富："我来的时候，人家就在这。"

赵聆实："那是哪一年啊？"

吴云富："那我可忘了。那时才多大？十多岁。我在丰满水电站当两年劳工嘛，跟日本人打交道呢嘛。"

赵聆实："那就是说，那伙人在的时候，正好是伪满洲国的时候？"

吴云富："对，就是满洲国的时候。"

赵聆实："听说这些人都是骑马吗？"

吴云富："那个咱没看着。他们就是驾步走的时候，在山里出来进去，买吃喝啥的。"

赵聆实："您见过他们？"

吴云富："人家不勒索咱们老百姓，不勒索老百姓。"

赵聆实："您见过他们吗？"

吴云富："咱们没跟他们说过话。"

赵聆实："没说过话。"

吴云富："不认不识的，咱也不知道人家干啥的，是不是。山里出来山里进去。"

【画面音】

吴云峰（吉林市江密峰镇南沙村村民，吴玉忠父亲）："有那么一伙人，东北军，衣服不整齐，在那边住时间挺长。"

赵聆实："有多少个人？"

【画面音】

吴云贵（吉林市江密峰镇南沙村村民，吴玉忠四叔）："他们吧，二十七八个。差不多吧。"

赵聆实："二十七八个，都有枪吧？"

吴云贵："有枪。"

【画面音】

吴云峰："把马就扔到山上了，让我爸还给放过马呢。"

【画面音】

白玉良（吉林市江密峰镇南沙村原党支部书记）："这伙人好像是从蛟河一带过来的，听说是专打日本鬼子的。他们来到南沙，找了个位置居住下来，是代王砬子后面有个平台。这个平台位置很隐蔽，这个位置从下面往上来要经过几个山梁，比较隐蔽，一般人发现不了。他们在这住，修建了地窖子。听说还有一个操练场。"

【解说词】

白玉良的爷爷叫白廉庆，上个世纪30年代在南沙村当甲长，负责这里的治安。每有逃荒的来这里，都是他爷爷安排在各个地方，居住、开垦、生活。不仅对代王砬子十分熟悉，而且也和山里的这伙人有过来往。

【人物讲述】

白玉良："我记忆中，我父亲说他们也下来征粮。那个时候，我爷爷是甲长。他们下来找到我爷爷，看谁家粮多，他们要解决吃饭问题，要买粮。我爷爷领他们到农户，挨家挨户走。看谁家粮多，他们要买点。忘带钱的时候，他们还给农户打了欠条。但是他们很守信誉，过了一段时候，还要把钱送来。"

【画面音】

吴云富："记不住面貌啥样。"

赵聆实："这些人都穿什么样的衣服啊，还能记住吧？"

吴云富："都穿黑衣服。"

赵聆实："是军装吗？"

吴云富："都是便服。"

赵聆实："你看他们拿的枪都是什么枪啊？"

吴云富："人家出来进去，大枪不带。说不上小枪带不带，咱们看不着。"

赵聆实："就是没看见他们拿枪出来？"

吴云富："这咱看不着。"

赵聆实："但是看见这伙人他们上山下山？"

赵聆实："看着过。我估计情况吧，他要是有大枪，也是打日本鬼子缴获的。日本使的枪都是三八大盖。"

赵聆实："大爷，这些人在山里，在哪住啊？"

吴云富："这个我跟你说，在哪住，咱谁也摸不上。"

【人物讲述】

白玉良："我上学的时候，学校组织我们到代王砬子采核桃，路过那里。我们看到那有地窨子的痕迹，已经塌陷了，木头已经烂掉了，草也烂了，但是还能看到那里边有炕和锅台的痕迹，也看到了锅碴和碗碴。"

吴云富："地窨子，这也是90%他们干的。这得有明白人，地窨子不懂行的，他不知道在哪挖。"

白玉良："上代王砬子的路并不多。从老温家房场往上去，要经过两道小山梁，才能上去。山上的野兽很多，有黑瞎子，学名就是黑熊。这种动物非常地凶猛。还有野猪，野猪成群，一帮一帮的。还有动物是狍子，有獾子，还有貉子。现在树比较稀疏，是人们都砍掉了，一瞅瞅得挺老远。当时树比较稠密，山上也没有道，往上去非常费劲，林大树也多，所以说阴森森的，一般人不上去，再加上当时人也很少。

【解说词】

如此险恶的环境，不熟悉的人显然会迷路，而不敢轻易上山。那么老温家为什么会选择在这里居住？他和山上的驻军又有什么关系？调查组迫切地想从吴云富老人那里找到答案。

【人物讲述】

吴云富："人家跟姓温的打交道，咱们也不知道，是不是。人家都是保密的问题，那是随便乱说，乱打听乱问的吗？对不对。"

【解说词】

和调查走访同时进行的档案查阅，虽然犹如大海捞针。但是这一天，在敌伪档案中终于找到了有力的线索，佐证当年江密峰一带的抗日情况。

【画面音】

吴凡（日语翻译）："北沙河子。"

张页若："这是江密峰。"

吴凡："这是行动的路线，就是有10名在行动。这个也是，就是在这个地点移动。就是在这个地点行动的意思，然后被他们发现了，同村村民然后被胁迫。"

张页若："这是什么呢？"

吴凡："这应该是他们的团组名，多少小队那样子。然后名字是这个名字，什么拉至东北方向，东北方向逃走。江密峰。这个村民叫，发现的人是……"

王葆林："王玉顺。"

张页若："王玉顺，同地分所吉林警备段报告。这里有江密峰。"

【人物讲述】

白玉良："日本人撵过他们。我记得听我父亲说，他们打过江密峰的日本鬼子。打完以后，日本人为了报复他们，日本人派了一个小分队，下来撵他们。他们经过江密峰前面的前屯、胜利、北沙、南沙，到南沙以后，他们问过当地的老百姓，说有一伙人扛着枪从这经过。老百姓都说不知道。可能老百姓知道也不会告诉他们。由于南沙山大林密，这个位置又隐蔽，他们一直没有找到。"

吴云富："人家这个事整得就是老保密了，要不怎么就说这年头也多了，咱们都解放那些年了，那怎么就说以后参加咱们共产党呢。"

【解说词】

这一天，调查组在采访吴云富老人的时候，聊着聊着，一个关于这伙人去向何处的线索，突然从老人的记忆里走出来，而且一个关键的名字出现了。

【人物讲述】

吴云富："参加共产党之后的蛟河十二团的部队，也是一个首长，就是肖明亮。肖明亮把他们收过去的，收过去不知道都给怎么安排的，安排到哪了，这咱们都不了解。以后肖明亮转业了，转业到吉林市西关木材公司总经理。在松花湖汽船上，我们俩碰着一回。我们俩唠过一回话。完了我们在大船上，那天做的小米水饭。他下了船，闻着小米子饭味了，下船就上我们这个大船上来了。"

【解说词】

在丰满，肖明亮被小米饭的味道吸引，就认识了吴云富。一攀谈，吴云富才终于见到了这个大名鼎鼎的肖明亮。

【人物讲述】

吴云峰："那肖明亮啥好？枪好。指哪打哪，不瞎子弹。"

吴玉忠："肖明亮以前就在这一带活动，收黄烟卖黄烟，当地的农户种黄烟，种黄烟以后他就给收走了。"

吴云富："在腰岭子前边宝贝沟、东剌西剌沟的时候，在那面买烟，贱。完了再往吉林挑，倒腾卖烟。那时中国没解放呢，他就是地下工作者。"

白玉良："父亲说，肖明亮这个人物非常神勇，在他的眼里，肖明亮就类似于小说《烈火金刚》里的肖飞这么个人物。肖明亮的枪法非常准，行侠仗义。"

吴云富："他说，我姓肖，叫肖明亮。我是在早在蛟河部队十二团，我也是个首长。你们沙河子，代王砬子有过地窨子，知道不？我说不知道。"

【解说词】

在南沙村的走访调查中，几乎所有人都提到了两个名字，一个是温三儿，当然这还不是一个完整的名字，只是一个代号，但他似乎就成了山上那伙人的代表；还有一个名字就是肖明亮，一个非常丰满的形象，第一次出现在调查组的成员面前，这让所有人都找到了一个明亮的方向。

【档案资料】

建立武工队，田夫任武装队队长，肖明亮任侦察排长。

【人物讲述】

于化冰："侦察排长，对。"

赵聆实："他是由班长后来当排长的。"

张页若："肖明亮。我拿他的档案，第一眼看的是照片。一看，相当英俊的一个八路。那个照片当年年龄也好，不到30，20多岁，大高个儿，1米80多。而且他是从山东过来的，他哥哥是八路。后来被日本人和国民党迫害，他逃到东北的。我在那里知道啥呢？肖明亮当年入党，李同进是介绍人。而批准肖明亮入党的是李维民。李维民是中共吉林支部的书记，李维民在我们党，在整个吉林党史的地位太重了。"

赵聆实："1942年前后，他来到了东北，来到了吉林市蛟河。他来到之后，马上和吉林市的地下党组织建立了联系，受党的委派，他以挑小挑的身份，在蛟河天岗、丰满、江密峰这一带活动。在这个期间，他就与代王砬子的义勇军建立了良好的关系。"

张页若："肖明亮当时解放之后，当时他的战绩战功包括受表扬，是整个东北民主联军那个高规格的，全军那级的战斗英雄。那是很难评的，特别是偷袭丰满电厂，困长春想要把那边电给断了，连夜偷袭，行军几十里，大冬天。肖明亮解放之后，实际上他应当是担任重要职务。这时候已经送党校去了，这时候他已经进入公安口了。发现这份档案非常重要，看到之后我感到非常兴奋，这份档案它证实了抗日武装在这一带的活动。同时档案指向非常明确，就是代王砬子。这个地方就说得很清楚了，这里边记载呢，说肖明亮经常在江密峰这一带活动，而且和住在这一带的当时的抗日义勇军他们之间的会见以及这种联系。"

吴玉忠："后期知道了，肖明亮是东北民主联军的，他领着部队就来打小孤家子这伙土匪。当时第一次打败了，牺牲了两个战士，还有一个排长。牺牲三个人，拉到吴家沟这边。我爷爷安排刘海，用牛爬犁把两个战士拉到十社去给埋了，排长就拉到小川娘娘庙岭的道右旁的山坡给埋了。现在那个坟还在呢。肖明亮呆两天，找东北军，找到东北军，他们两伙合到一起，轻松就把小孤家子这伙土匪给消灭了。当时我父亲和我大爷他俩还去看热闹了，所以他们知道。

修瑞："我们翻拍的文件非常多嘛，整理出来的我们通过微信探讨，发现了他确实经常在那一带打仗。而且他在1946年的时候，他所属的部队在'五二八'战略转移的时候，突然间他这部队不但没少人，还突然间一下增加了。从50多人，一下变成了100多人。就是代王砬子这伙人。而且代王砬子这伙人也确实是那个时间走的。所以说，我们基本上找到了这伙人的去向。"

赵聆实："肖明亮在这个地方是赫赫有名的一个战斗英雄。当时他曾经荣获过甲等战斗英雄称号。他最开始是在天岗区中队任指导员，后来是吉蛟大队侦察排的排长。这个人在这一带有很神奇的传说，他和这支东北义勇军接触之后，经过他的影响，他的说服教育，这样在1946年，他把代王砬子义勇军带入了东北民主联军，使这支部队成为我们中国人民解放军的一个部分。"

【解说词】

这一天，调查组的成员来到吴玉忠所说埋葬那几位战士的小川基地。这是他小时候常常来扫墓的烈士陵园。简单而神圣的祭奠，似乎让所有人都与代王砬子山上那伙人的距离更近了。但是他们的形象仍然是模糊的。肖明亮与他们的联系也越发让人觉得神秘。调查组决定增加采访吴云富老人的次数，希望唤醒他更多的久远记忆。

【人物讲述】

赵聆实："那天，我到康乐园去采访吴云富，吴云富在随便说话中，突然就冒出'温传声'三个字。"

吴云富："温三儿叫温传声。"

赵聆实："他说温传声就是温三儿。我听了之后，我当时就愣住了。温传声，哪个传？"

吴云富："温传声。"

修瑞："我们说，您说的是代王砬子那个温三儿吗？他说对，他叫温传声。他还有个弟弟叫温传喜。然后他还说温传声后来搬到吉林市了，住在莲花泡。"

【画面音】

温凤芹（温传声女儿）："你们太辛苦啦。"

于化冰："认识我不了？我把帽子摘了，认识我不了？我都不敢认你了。"

邓桂兰（温传声的妻子）："不敢认了。"

于化冰："是不是看着面熟？代王砬子您还记得吗？代王砬子。"

邓桂兰："知道。"

【人物讲述】

于化冰："当时我接到一个电话，告诉我找到了温三儿的家人，找到了温三儿的户口。那种心情简直是不可言表。兴奋、激动、期待，甚至觉得是上天对我的一种厚爱，对我们项目组的一种厚爱。"

修瑞："了解到情况以后，说这个老太太今年94岁，叫邓桂兰，她比温传声要大两岁，那温传声应该是92岁。"

【解说词】

这是调查组唯一能够找到的温传声的照片。温传声的老伴邓桂兰今年已是94岁的高龄，因为曾经生活在代王砬子山上的温家老屋，她是那一段历史的亲历者。在山上，她生下自己的大儿子、二儿子，可惜都夭折了。大女儿温凤云今年69岁，排行老二（存活子女排行），也出生在代王砬子山上。这一天她正好从外地赶回来，看望自己的母亲。

【画面音】

邓桂兰："老乡（指温传声）。俺爹说找对象还找山东人。都看不着了，老乡。"

赵聆实："哪年结婚的？"

邓桂兰："那我记不住了。"

赵聆实："大概民国多少年？"

温凤云："那更不知道了。她，一点文化都没有。"

于化冰："您多大结的婚吧？"

温凤云："您多大结的婚？"

邓桂兰："我结婚呀？我结婚才18（虚岁）。"

温凤云："还记得18呢。"

于化冰："1925年生人。推（算）吧。"

邓桂兰："俺爹不给东北人，给山东人婚嫁。这么回事，咱说实话。"

于化冰："那您和老伴认识的时候，结婚在哪住啊？"

邓桂兰："就在那呗。"

于化冰："就在江密峰啊？"

邓桂兰："你去的那地方。你不去了吗。"

于化冰："老房场。"

赵聆实："那个老房场是你家的房子，还是他家的房子？"

邓桂兰："俺自己盖的。"

赵聆实："谁盖的？"

邓桂兰："俺老头。"

王葆林："温三儿盖的。"

【人物讲述】

赵聆实："邓桂兰老人和温传声是1942年前后，在代王砬子义勇军这些战士们的帮助下，建了自己家的老房子，然后在这里边结婚。"

修瑞："据邓桂兰回忆，日本人也曾经，就是归大屯那时候，他那附近，也让附近住的人也都下山，但是没让他们下山。为什么没让他们下山？说没找着他们。"

【画面音】

赵聆实："听说你父亲当过兵？"

温凤云："当过兵，说过。具体怎么，不知道。"

邓桂兰："当过兵。"

温凤云："当过多长时间，咱不知道。"

邓桂兰："我就结婚了。"

赵聆实："是结了婚以后当的？"

邓桂兰："是。"

赵聆实："在哪当兵？"

邓桂兰："那我记不住了。"

赵聆实："当兵跟谁打仗啊？"

温凤云："当兵跟谁打仗？跟苏联还是日本？"

赵聆实："当兵和谁打仗？"

邓桂兰："那我不知道，他也不说。"

【解说词】

调查组第一次和邓桂兰一家相见，格外兴奋。七嘴八舌的询问与回答，让这位早已忘记那段尘封历史的老人，更加无法寻找回去的记忆。

【导视】

一个个名字的出现，那是来自历史的回声！那些面孔是否会清晰？是谁将从硝烟中走出？是谁将拨动你的心弦？敬请收看，《密营寻踪》第三集——见证的力量。

第三集　见证的力量

【画面音】

赵聆实："我到楼下了，就这个门上？"

温凤芹："对，就这个门上。"

赵聆实："好，那我们上去了。"

温凤芹："（邓桂兰）有病了。"

【解说词】

2018年2月5号，调查组第一次拜访温传声的老伴邓桂兰，94岁高龄的老人，并没有像他们期待的那样，揭开沉默大山里的秘密。他们一次又一次走访，一次又一次希望从片言只语中，寻找到那记忆深处里生命的温度。

【画面音】

温凤莲（温传声女儿）："你跟我老爹结婚那年，这两个人上过咱家吗？上过你家代王砬子山上吗？还有印象吗？（指肖明亮和姜志远照片）。"

邓桂兰："去过，参加婚礼去过。"

赵聆实："他上你们家干什么？"

邓桂兰："种地，干活。"

于化冰："你问她打枪吗？"

温凤莲："他们都拿枪吗？"

邓桂兰："没有，小枪。"

温凤莲："拿小枪？"

邓桂兰："撸子，小的。他都知道，拿枪不叫咱看见，别兜上。"

温凤莲："我爸我妈喂过马。"

【人物讲述】

于化冰："邓桂兰是代王砬子义勇军唯一健在的当事人。我们一次一次去采访她，我们的期望值也越来越小，我们得到的信息也越来越少。这个时候，我们感受到，我们来晚了，我们无法和时间去抗衡。"

赵聆实："将近80年过去了，老人家记忆也是衰退了。历史留给了我们很多遗憾。"

于化冰："别人介绍的时候，说她会武术。在山林里，那样的密林里独自生活，那需要胆识。我觉得她应该是一个很魁梧，或者是很高大的一个人，很壮啊。但当我看到她的时候，已经是一个非常矮小的老太太了。"

修瑞："她是因为年纪太大了，记忆很混乱了，想起来的事情都比较杂乱。"

温凤英（温传声女儿）："现在糊涂了，年轻时咱也没想着问。这就是你们来了，我们想着问。"

温凤芹："我就知道我妈在山上干活挨老累了。我妈一说，伺候那一山上人，摊煎饼。"

温凤英："套个小毛驴，拉磨拉碾子，摊煎饼，我说妈。你干啥伺候他们，给他们摊那么多煎饼干啥呀？我妈说，那都是你爸磕头的嘛。这么一句话，咱就不知道咋回事。"

【画面音】

于化冰："您再说一遍。老人家说了，她老伴告诉她，别瞎说，瞎说惹大事。不让说，啥都不让说，不让和外人接触。不让说，不让跟外人来往，然后怕出事，怕出大事。"

邓桂兰："对，好好干活呗。种地，打粮打不少。"

【人物讲述】

于化冰："不让和别人来往，看来连老吴家也不知道。她老伴温传声说，不能说，说了要出事了。说了要出事，要出大事的。那么几十年的岁月过去了，这个坚守的秘密始终没有说。在她的心里到现在，它仍然是一个不能说的秘密。"

温凤莲："不让说，就是在山上他过来这些路程都不让说。我妈在代王碥子，说给他们摊煎饼，一摞子一摞子的。我那时候就寻思，那些叔叔是家族的哥们。其实不是那么容易的。我妈说一摊煎饼一摞子一摞子的，给他们吃。这才联想到的。"

张页若："毕竟是掉脑袋的事业，不然的话为什么温传声他们不往外说？解放之后，他也知道这个事情很严重，因为这伙人他们知道是旧军队的，知道这伙人可能是从民国时期就过来的，所以他们很少提及。"

修瑞："后来过了一段时间，又去采访她了。这样，第二次采访，她说的就比较明确了。她说温传声当过兵，这伙人也都当过兵。他周围这伙人都当过兵。能有多少人呢？得有三四十人。"

于化冰："说温传声一出去几天不回来。回来的时候，这衣服都破了，胡子也长了。说出去从来不回来给孩子带点什么。"

修瑞："她还提到了这伙人都有枪，都会打枪。按她的说法是，他们都会打枪，包括她自己也会打枪。然后说那你们枪哪来的？说偷的。都是三八大盖枪。你说，一下偷三四十把枪，好像不大可能。所以我们当时就想，因为邓桂兰主要就在家里待着，给他们其实是做后勤的。"

赵聆实："她当时并不知道自己也是义勇军中的一员，但是她以这种善良，以中国人的这种本性，来保证了这些战士们的吃，保证了战士们能够在这里边，能够有一个家的感觉。"

修瑞："然后我们也是分析，他们其实这十多天出去，是去打仗去了。因为我们当时想，温传声当兵，当兵还住在山里，住在家里。那个时候东北没有国民党，他当的不是国民党的兵。他当的如果是日本的、伪满国兵的话，那他也不能住在家里。所以他应该不是这个伪满的兵，他就在家门口当兵。所以，他当的应该就是代王碥子这伙的。"

【解说词】

从邓桂兰口中得知，1943年（1942年前后），她和温传声结婚后，温传声又当了两三年兵，后来就不当了。按照这个时间推算，与调查组得到的这支抗日武装于1946年左右下山的时间点相符合。由于妻儿老小都在山上，温传声就没有随这支抗日武装跟东北民主联军下山，而是继续留在山上种黄烟。上个世纪50年代末，他举家搬到吉林市莲花泡一带。1958年造纸厂招工，温传声应召入厂，后负工伤，在家养病，1998年病逝。

【人物讲述】

温凤莲："我爸对我们都可负责任了。我就觉得一小给我们，到现在我都想吃这个，黄瓜、油条，用大蒜拌着吃。那时就用这玩意儿拌，就可想这口了。到现在都总想着我爸就给我们拌这个。"

温凤芹："我爸那人就助人为乐。我爸就是谁家要找他干活，那就是俺家活扔下可以不干，给人家干去。"

温凤莲："我爸还会讲评书。看完的书，我们单位，我就接班了嘛，这帮人重油的、检修的这帮人就说，我们都愿意跟你爸一个班，没事就给俺们讲故事，讲抗日战争一些故事。看什么书了，都能给你讲下来。"

温凤芹："我爸有文化，写毛笔字写得特别好。咱过去哪有卖对联的，都是自己家写，或求人写。我爸就给人写，写完，那家来要，这家来要。"

温凤莲："我爸这人就挺有男子汉那样儿，挺负责任的，工作认真。但我爸脑袋可好使了，没有不会干的活儿。看木匠木匠会，看瓦匠瓦匠会。没有他不会干的，贼聪明。"

温凤英："我家邻居谁家一早上来了敲敲门进屋，呼一下就给我爸磕头。咱那时小，不知道咋回事。我爸穿衣服就跟人家走了。后来我妈说了，那就是帮忙去了。人家谁死了，我爸一去了，给人家写棺头字。棺头字都我爸给写。打棺材，都我爸给打。"

温凤莲："本身他就聪明认真嘛。入党他不入。那时也不懂，不入党。后来我接我爸班，在基建嘛。（他）啥荣誉也不要。

温凤芹："咱过去发缝纫机票啦、自行车票啦，我们小，都愿意要。我爸说先可人家吧。我爸就爱那样似的。"

温凤莲："后期这边都完事了，也上这来，那帮农村的。一整今天卖烟来了，一整这个来了。那都是那帮农村哥们。那时平房大炕嘛，一整来一帮，一整来一帮。"

温凤芹："他有时一讲，我们也不爱听。他们一唠嗑，他们上俺家来，我们给烧茶叶水。就听他们一句半句的。我们小孩也不往心里去。"

温凤莲："那时小嘛，我姐还不愿让来。我姐干净，一来，嫌我妈蒸点白面也给人家。那时供应粮食嘛。蒸那细粮，蒸大馒头都给他们吃，我们都吃不着。"

温凤英："多少年了，我好像10来岁时吧，我有那个叔，也是我爸捡的，捡这么一个叔。我听我爸这么说的。我说爸，咱家你哥们那么多，你还捡干啥啊？我爸说他那时来也是一个老太太领着来的。领着，就是所谓逃荒来的。就那么一个老太太领着那么一个儿子来的，找我爸。温家屯嘛。我爸那个温家屯有名，我爸出名。说温家屯，就找到我爸家了。找到我爸家了，就给我爸磕头作揖的，让我爸认他们。我爸心好，心眼好使，我爸没办法就认了。认了之后，没几年那老太太就死了，就扔下我现在这叔，就我这弟弟他爸。我爸就一直给抚养。"

【解说词】

在邓桂兰和她后人的只言片语里，温传声的性格与形象渐渐有血有肉起来。尽管调查组并没有得到代王碴子山上的故事，但是由于对温传声为人的了解，再联想他在山上以家庭为掩护，参与抗日武装的行为，则一切可能皆在情理之中了。而他下山后的人生经历仍不同凡人，也同样令人唏嘘不止。

2018年3月13日，早春的大雪还有尺把深，调查组还是决定带温家姐妹上山，来看一看她们从来没有去过的老家——代王碴子山上的温家老屋。

【画面音】

牛爱民："你们家在这住的时候，绝对不是为了生存。"

温凤莲："要是在这生活，多艰苦啊。"

赵聆实："我现在对面看到的，就是当年的温家老屋的宅基，就现在对面看的这位置，就是三号这个位置。这是个三间房，然后用土和草插房建立起来的。"

温凤莲："住的地方，它整个板子全搭上，搭在棚顶上。等走了（来人了），再撤回来，搭板铺。"

赵聆实："那这些板子是做什么用的？"

温凤莲："它就搭板子给他们睡觉用的。"

赵聆实："就这帮跑腿哥们住的地方？"

温凤莲："完了也讲，这个地方是打水的，给摊煎饼吃。这里有磨，一整摊煎饼就摊一摞一摞的，给大家吃。我妈他们种黄烟。"

赵聆实："黄烟是在哪个地方种的？"

温凤莲："在前面，我妈就说在山上全是黄烟。"

赵聆实："种了很多黄烟，那他们俩能种过来吗？"

温凤莲："全靠这帮哥们，这帮哥们帮着种。院子里全晒的黄烟，到秋天时。我妈就跟我们说这些事。"

赵聆实："那你爸要是出去多少天回来之后啊，那你妈自己在家里很危险吧？"

温凤莲："很危险。这山上有时有狼，真有狼。有时黑瞎子，那叫熊瞎子。偶尔熊瞎子也跑院里来。妈妈有时也跟我们讲，那熊瞎子趴在窗台上，一瞅毛乎乎的，我妈拿大斧子一砍，吓跑了。遇上这事也是经常的。这山上没有人家。从小跟我们也唠，这回真是看见老宅了，我也是第一次来。"

赵聆实："有水。当时这里水还挺深的呢，现在因为这么多年，它已经埋住了。"

修瑞："有井台。"

赵聆实："对，它是有台的。走啊，咱们先上6号营地（遗址），回来咱们再点火。这柴火湿，火大没湿柴。但一会吧，得弄点小枝，底下有。走吧，上6号。"

温凤芹："俺们来哪有车，都一色走上去。"

于化冰："80年代初呗？"

吴玉忠："80年代初。因为我们小孩往这边来，当时就搭的木头，搭的桥。顺那顶上这么过去的。现在都没有了，那时那个底下还都有土，还有堆的像房子，不知道是干什么的。"

赵聆实："半截的木桩子，像个大木桶似的，人在里面能够藏起来。"

吴玉忠："有洞似的。"

【解说词】

6号遗址在砬子中间，被大雪覆盖而变得十分危险。这一次雪中之行，让调查组的成员感受到了密营的冬天艰苦漫长与残酷。雪中的红旗给了所有人以动力，他们计划在第二片营址的最高点，13号哨位停下，在这里可以眺望代王砬子。尽管爬山前大家都穿戴了雪套，可是3月的雪饱含水分，此时他们踩着满是雪水的鞋袜，爬上了13号哨位，眺望远处的代王砬子，一种敬畏之心油然而生。四周的映山红正在春天的路上苏醒，所有人都期待着5月，映山红开遍山头的那一刻。

【画面音】

大家在雪地里，围着火堆烤面包片。

王葆林："太好吃了。别掉了。"

于化冰："多好玩。"

赵聆实："糊香糊香的。"

于化冰："治胃病。"

【人物讲述】

赵聆实："调查到这一步，我们对所有的线索都进行了核实，对温家老太太的调查，对周边人物的调查，但是所有的线索都到这里边断掉了。

修瑞："我是真想尽快就有结论。说当时是没有实物证据，我就想，有驴友既然能在里头竟然能挖到枪，那咱们挖两锹呗，咱也挖出来一个枪，这就有证据了嘛。但是我们赵聆实老师说，坚决不能这么挖。咱们必须得有这个职业操守。咱们没有这个资质，这得是专业的考古人员挖。另一个就是我们要去挖，咱可以偷偷挖。偷偷挖完，你把遗址破坏了。咱不会挖呀！你破坏了之后，这就属于永久性破坏。"

修瑞："那天我们也是测绘，我们个人去测的。也是因为实在在山里时间长了，喝水也喝多了，去解手。你不能在大庭广众之下，就躲到一个旮旯，犄角旮旯。结果无意间发现地上有这么一块缸砬子。我就非常高兴，把赵老师他们都喊过来，说你看这是个什么东西。"

【画面音】

王葆林："这是底吗？"

修瑞："这是帮。这个东西大，它这个弧度的话，得这么大。"

赵聆实："装起来吧，装起来咱们走。"

丁传江（摄像）："又找着了？"

王葆林："嗯，缸碴子沿。这两溜，还是上次地方。"

丁传江："这两溜还应该有。"

赵聆实："咱们因为没有发掘权，咱不能挖。"

王葆林："只能捡。"

赵聆实："只能在地表捡。"

【解说词】

就在修瑞无意间捡到缸碴子碎片之后，调查组又得知南沙村一村民，在二号营地附近放牛时，牛踩出了炮弹。

【画面音】

吴玉忠："看着没？"

赵聆实："就这几枚？6枚。这6枚炮弹有这么几个型号。这是一种型号，这两个是一个型号，这是又一个型号，这一个型号，这一个型号。这个还带引信呢，那药都在里呢。这个引信也在。这个引信完全拆除了，整个的旋口都清晰可见，把引信拿掉了。"

【人物讲述】

赵聆实："这6枚炮弹从它的形制来看，应该属于是日本侵华期间使用的炮弹。但这些炮弹都没有真正地实际使用，判断它的来源有可能是当年义勇军攻打鬼子据点的时候，缴获的弹药。缴获的弹药拿回来之后，可能未来用于把它作为炸弹来使用。南沙农民在二号营地附近放牛，牛踩出了炮弹。我们也曾先后在营地发现了缸碴子、碗碴子、锅碴子这些遗物。那一天，我带着缸碴子到缸窑去找老窑工邢林环，让他鉴定一下这块缸碴子的年代。"

【画面音】

赵聆实："您看一看这是缸窑生产的吗？"

邢林环（缸窑镇老窑工）："是，这就是俺们缸窑生产的。"

赵聆实："您看这两块缸碴能是什么时间生产的，到现在能有多少年了？"

邢林环："这玩意儿不能超过100年，100年之内吧。"

赵聆实："100年之内？"

邢林环："八九十年，七八十年，最低得八九十年。"

赵聆实："您看根据这个形状来看，这是做什么用的呢？"

邢林环："这玩意儿看这样有可能像个钵、盆，罐的可能不太大。"

赵聆实："那您看这玩意儿他们拿到山上，一般能干什么用呢？"

邢林环："装水呀。住家拿回去洗个衣服。"

赵聆实："洗衣服感觉还有点深似的。"

邢林环："那时候这就不错了。洗衣服，做粉条子，做粉。"

【画面音】

在镇政府后院寻找相似样缸。

赵聆实："跟这一样。"

邢林环："把这碴子拔下来，扎手，放地下来。"

【人物讲述】

赵聆实："也是个半拉碴子了，是这么个东西，就是一个大缸变成小缸。"

于化冰："我们通过地面采集的锅碴子，利用数学的方式，计算出它的直径和周长，最后的结论就是那口锅是8印锅。"

赵聆实："它的发现正好和二号营地它的地窖子能住8到10人相吻合，相印证。同时，这些物品的发现，也说明了当时抗日义勇军在山上生火做饭，在山上坚持斗争。证实了这些东西。"

【解说词】

在大山中寻觅，总有物是人非的感受。好在每一次都能发现新的痕迹。在踏查同时进行的档案查阅，仍然比登山还要艰难。在相当长的时间里，江密峰三个字还是悬在每一个人头上的一盏红灯。这一天，身为档案局长的于化冰，将桌上的《永吉县志》随手一翻，还没来得及看，就忙别的事情去了。

【人物讲述】

王葆林："于局桌子上有一本《永吉县志》，她正翻呢，有事出去了。我拿过来接着翻。《永吉县志》大事记里头，一眼我就看见了，1945年，江密峰收编姜志远100多人，加入到乌拉街的保安团。"

修瑞："100多人，在江密峰。我们当时就联想到代王砬子这伙人。当时我们还说呢，这伙人能有100多个人？"

于化冰："当时我们眼睛全亮了，觉得这是我们的希望。"

赵聆实："《永吉县志》上记载，姜志远曾经打过鬼子，而且报号双匣（又称双侠、忠侠），是一个土匪。他真的是土匪吗？他到底是谁？他和东北抗日义勇军代王砬子部有什么关联？"

修瑞："代王砬子这伙人，他也是跟共产党走的。我们想，它那个地方应该不能有第二伙人吧？而且这么大一个队伍，所以我们就想到，是不是就是代王砬子这伙人？"

于化冰："那时候，江密峰是归蛟河。因为江密峰几易其管辖，所以说我觉得以我档案人来讲，应该到蛟河档案馆去看一看，可能会有收获。"

【解说词】

蛟河又成为关键词。第二天一早，调查组前往蛟河档案馆。可是直到天黑，仍一无所获。那一夜，在工作群里，对这一线索的分析展开了讨论。2个小时后，夜已深，再无人说话了。

【人物讲述】

赵聆实："大家后来都去睡觉了，我睡不着觉，我在反复地梳理最近得到的这些资料。我突然想到，我们应该去永吉县档案馆，在那里或许会查到我们要得到的线索。第二天早上一上车，我就对大家讲改道，上永吉县档案馆。"

于化冰："确实如赵老师所说，我们发现，第一个档案盒里面，就有抗日战争的档案。"

【画面音】

于化冰："这不，姜志远出身画匠，这儿呢，这儿呢，在这儿呢。哎呀，双匣，双匣，找着了。来来来，在这儿呢。"

赵聆实："这样，陈明友把姜志远部队从江密峰调到乌拉街，共计200多人。"

于化冰："哎呀，这是200多人。"

赵聆实："抗日救国军，报号双匣。姜远志出身画匠。"

【人物讲述】

赵聆实："在永吉县档案馆，我们发现了与姜志远有关的一份档案，这个档案里头记载了这样一件事情。1946年的阴历十月份，当时共产党领导的永吉县保安团的团长，被我党派去姜志远的第四大队任大队副。"

修瑞："而且当时说了，姜志远是抗日救国军，不是土匪，是救国军。我们当时一看到这个，就特别兴奋。他这个报号，这是典型的义勇军。"

赵聆实："同时，赵希义、康熙民他们7个人，去到这个队伍里边。我们想，如果这7个人，我们找到一个人的档案，我们就会弄清楚，姜志远和带领的这支部队的来龙去脉。"

【解说词】

这份关于姜志远的材料里，有两个重要的信息：一是姜志远从江密峰带出200多人，二是带走姜志远队伍的是陈明友。这与在代王砬子那三四十人的武装和颇有名声的肖明亮，看起来没有丝毫的关系。那么这条线索的解密，对代王砬子密营遗址究竟有何作用呢？

【人物讲述】

修瑞："下午查这个档案的时候，翻开第一个盒子，第一个就是我们要找的。改编他这个队伍的团长叫陈明友。下一个就是那个政委，叫赵希义的档案。我特别高兴，因为我翻到的，我就举着档案跟赵老师说，你看，我找到这个收编他队伍的人了。"

赵聆实："当时我们想，哎呀，真是英雄保佑我们。"

修瑞："赵老师拿过去档案盒之后，举起来一个，非常快，类似从档案盒里抢材料似的，怕晚了可能那个就会消失了那种感觉。"

赵聆实："我眼睛一亮，在档案里我发现了一份直接写姜志远的一件事情的档案。我非常兴奋，我拿出来，快来，大家快来看看，这里写的就是姜志远。"

修瑞："赵老师他们在那边看姜志远的档案，我在这边看陈明友团长他们的档案。我当时看他的档案，我其实心里还在琢磨那边呢。都是什么情况？看不进去。结果我就听着赵老师那边，每隔几分钟就叹一次气，要么就是'啧'一下，这种声音。我觉得哎呀，好像情况不大好。"

赵聆实："我详细看了那份档案，看的过程中，我是不停的叹气。"

修瑞："它只是几页纸，而且它不是姜志远的个人档案，它是一份类似于申诉书，是他的两个儿子，一个叫姜洪恩，一个叫姜洪儒，这两个儿子给政府写的申诉书。"

赵聆实："这里边对他父亲的一生，他们提出了很多疑问。他的父亲曾经当过义勇军，打过鬼子，也曾经为我党组建了部队，加入了中国人民解放军。但是，在解放以后，又把他作为历史反革命进行反复的调查。所以，他的子女就在问，我的父亲到底是谁？他到底做了什么？看到这些，我的心情也很沉重。"

修瑞："这个申诉书里明确写了姜志远，他是1931年九一八事变之后，他是画匠出身，1931年之后他就不想当亡国奴，自发地拉起了一支队伍抗日。"

赵聆实："姜志远是一个很有才华的人，是一个农村的画匠。他在农村可以说画箱子画柜，能过一个很安逸的生活。九一八事变之后，这个安逸的生活就被打破了。作为一个热血青年，看到自己的家乡被日寇的铁蹄践踏，姜志远马上就召集自己的亲兄弟、叔伯兄弟和屯子里边二十几个光棍，举旗抗日，成立了一支抗日队伍，号称双匣。"

修瑞："姜志远在我们后来不断的调查里，人物的形象就逐渐地丰富了。他原名叫姜成海，是1905年出生，在江密峰镇的双鸭子村（后改名双桠山村）。"

于化冰："他是民族自发的抗日英雄，他像大哥一样，他有号召力，他可以拉起队伍，组织这些队伍一起去抗日。"

赵聆实："在五常、舒兰、哈尔滨、吉林一带，跟随冯占海的部队打击敌人。1932年的时候，他的部队在战斗中和大部队失去了联系，部队被日伪军给打散了。"

修瑞："姜志远就回到了他的老家，回到了双鸭子村继续做画匠。"

赵聆实："这个期间，有一个叫关小胡的汉奸，就把姜志远告发了。姜志远就被投入到了永吉县的监狱。"

修瑞："监狱期间，他和后来一个很重要的人物，他俩是狱友，关在一块了。这个人就是后来的开国少将，也是抗联的名将，叫王效明。他们俩是狱友。"

赵聆实："姜志远当时在狱中受到了严刑拷打，上老虎凳，同时向嘴里边扬带着火星的小灰，受尽了这种酷刑。"

于化冰："落下了这种病根，得了肺结核。他也死于这个肺结核。"

【解说词】

从喜悦、兴奋到难言的感伤，姜志远的线索不仅没有代王砬子的痕迹，还让调查的思路越走越远。但是大家却觉得，这个线索还是应该跟进，毕竟探寻小人物的民族大义，正是他们调查组成立的初心。

调查组先后走访了多位姜志远的后人。在他的小女儿姜桂杰家中，调查组得到了姜志远和妻子程中秀的照片。这个有着传奇经历的形象真正清晰起来。那么后来，姜志远的命运又是怎样的？为什么他的儿子们要不断地为父亲的历史问题写申诉材料呢？

【人物讲述】

赵聆实："东北光复之后，已经成为吉林警备司令的东北民主联军的王效明，他当时做吉林市的警备司令，同时是东北民主联军第十一师的师长，他到吉林之后，马上就想到了他的难友，他的大哥姜志远。"

修瑞："王效明的出现，可以说在一定程度上改变了姜志远的命运。"

赵聆实："然后就派人到姜志远的家，动员姜志远。新中国就要建立了，为了我们这样一个伟大的事业，再出来咱们一块来干一番事业。"

修瑞："你看看，能不能再给我们拉起一个队伍。当时他给姜志远也承诺了，我可以让你当团长。"

赵聆实："姜志远在王效明的教育说服下，他马上在江密峰就组织了一支200多人的自卫军。这个自卫军是在我党的领导下的一支自卫军，就是我们后来看到的那个，那200多人被收编的那个队伍。在建立的过程中，也不免混进了一些当时的兵匪、国民党的残兵，部队的成分当时也很复杂的。"

修瑞："说是部队里面有一门炮，待修的炮丢了。就因为这个事，后来审查。审查期间，他的部队被改编走了，审查完他出来，部队也没了。就这样，他又回老家了。"

【解说词】

在姜志远历史问题的申诉书里，他的后人们带着无奈的心情，写下了姜志远后半生的命运。在姜志远的故事里，决定他和后人命运的关键人物，就是王效明。姜家后人多次提到王效明在北京给他们写的证明材料。

【人物讲述】

赵聆实："我们特意赶到了鞍山，在姜志远二儿子姜洪斌的档案里，我亲眼看到了王效明在1960年代，在1970年代，两次为姜志远写的证明信。非常清晰地写道姜志远的抗日英雄事迹。我非常感动，也非常感叹。感动的是我们的将军能够为我们的英雄证明，感叹的是我在想，当年国破家亡之际，姜志远作为一个普通的农民，他能够站起来，揭竿而起。他上有父母，下有小儿，侧有娇妻。他能够站起来，大喊一声，把自己的叔伯兄弟，自己的亲兄弟，把屯子里青年组织起来成立义勇军，这种壮举，我们今天的人能做到吗？假如今天我们遇到了这样危难的情况，我想问每一个人，你能站起来吗？你能为了国家去抛弃你的父母，抛弃你的妻儿，去为国家而战吗？"

【解说词】

姜志远在江密峰镇举旗抗日。他是中国大地上抗日的星星之火。关于他的故事与传说，至今还在他生活过的土地上传播，仿佛是密营调查交响曲中出现的一段变奏。这段变奏，也给了调查组信心和方向。它映射出当年东北沦陷，山河破碎，不甘当亡国奴的东北各阶层民众，组织各种武装进行抗日斗争的形势，打击日本侵略者。东北抗日义勇军，成为中国抗战初期的主要力量。

2018年9月13日，吉林市龙潭区委、区政府特邀国内党史及抗联研究的专家10余人，召开了论证会。专家们听取了调查组的汇报后，和新华社、中新社等多家媒体，来到代王砬子，对密营遗址进行了实地考察。

【画面音】

于化冰："赵老师，您要累了，咱们就慢点。"

赵俊清（原中共黑龙江省委党史研究室副主任，研究员）："没事儿。"

赵俊清："1932年、1933年，都是大规模义勇军活动的时候。这个大规模义勇军活动，据我所知，东北地区大约就有30万人。这个斗争的规模非常大，行动非常迅速。另外，当时日本侵略的时候，准备几个月就把东北三省全占领了，最后是两年零18天。义勇军大量的斗争，使得日本人不能快速地占领整个东北。关里根据地的三条标准是什么呢？第一，得有抗日武装；第二，得有人民政权；第三，得有群众抗日组织。我说我们东北是日本独占的，不具备这样的条件，是不是。你能成立人民政权吗？他不可能让你成立人民政权。

我们东北这根据地叫做游击根据地。那么这游击根据地被破坏，我们还要生存，还要发展，还要和敌人斗争。怎么办？就得建密营。各地也不一样，主要是利用当地的地形地貌去建，比如说刚才那个就是靠那个石头，那个大石头上面搭上木杆，然后上面铺上草。外边人过来根本看不着。它起个隐蔽的作用。如果那边真有情况的话，马上传递到这，这再往下传递。它是符合当时那种军事发展的。"

王宜田（时任中共吉林省委党史研究室征研一处处长，研究员）："刚开始听介绍，觉得好像不太可能。因为这些年发现的都是抗联的营地。在吉林市这么近，当时是敌人的眼皮子底下，是中心地带，能发现义勇军的密营？这是第一次发现，可以说这是东北抗战史上的首次发现。咱不能说它最大，也不能说它最小，也不能说它最后，但确实是首次发现，填补了东北抗战的一个空白。"

刘信君（原吉林省社会科学院副院长、二级教授）："它应该是吉林省发现的具有典型意义的东北抗日义勇军遗址。"

王宜田："东北抗战从一开始就应该是山地游击战争，利用这种地形地貌，远离敌人中心，或在敌人眼皮底下。总之，是人迹罕至的地方。"

刘信君："它能够在日伪统治那么严酷的情况下，能够活动到1946年5月，这是十分不容易的。"

【人物讲述】

赵俊清："这14年抗战的概念是习主席提出来的。今后，我们研究中国抗日战争的历史，不仅仅要研究8年抗战，还要研究14年抗战。要把14年抗战贯穿进来一起研究。14年抗战起源就是九一八之后东北抗日的义勇军的斗争，这是源头。"

刘信君："咱们讲14年抗战，很重要一点是有个全民抗战问题，民众抗战的问题。那么，代王砬子这些义勇军，他们是下层的士兵，是东北军的下层士兵，他们是民众抗战的一个重要组成部分。实际上，对于我们理解抗日战争，从九一八事变开始是14年，具有非常重要意义。"

王宜田："他们没有投降，一直在坚持斗争。抗日战争胜利前夕，形势好转了，解放战争的时候，他们分别下山，以后参加了东北人民自卫军，以后是东北野战军，这段历史应该是光荣的历史。"

刘信君："最后这个抗日义勇军的归宿也非常好，加入了东北民主联军。实际上，义勇军的密营，应该说还是个红色的根据地，红色的营地。"

【解说词】

历时两年多的走访调查，挖掘和梳理，当所有人再次站在代王砬子山下，目光所及，沉甸甸的历史早已成为这座山的一部分。虽然山上的那伙人依然面孔模糊，但他们有一个共同的名字，那就是中国人。大量的口述实录，真实的见证，让所有人看到与思考，抗战对中华民族精神形成的意义，那也是密营寻踪的意义，是见证的力量。

2018年9月，经省内外专家论证，确认东北抗日义勇军代王砬子密营遗址为与中国共产党有密切联系的红色遗址。

2019年7月10日至24日，龙潭区委、区政府邀请吉林省文物考古研究所对东北抗日义勇军代王砬子密营遗址进行了有选择的保护性清理工作。清理遗址分别为"温家老屋"遗址和10号、11号地窖子遗址。考古出土有缸底、泥质灰胎黑皮陶、锄头、钢笔尖、铜零件、磨刀石以及11只鞋底等。

2019年11月19日，中共吉林省委宣传部、吉林省委党史研究室、吉林省文旅厅发文，确定东北抗日义勇军代王砬子密营遗址为吉林省革命旧址。

2020年6月，在代王砬子山脚，抗日义勇军曾经战斗过的地方，建立了密营博物馆，修建了密营复原展示区，再现了马道、老屋、地窖子、马架子、井泉面貌。

（沈荣）

后 记

POSTSCRIPT

《发现——东北抗日义勇军在龙潭》，是东北抗日义勇军代王砬子密营遗址和抗日忠侠姜志远调查项目丛书之一。它与此前出版的《寻证——东北抗日义勇军代王砬子密营遗址　抗日忠侠姜志远调查采访实录》和《密林中的脚印——东北抗日义勇军代王砬子密营遗址追踪》各有专注。《寻证——东北抗日义勇军代王砬子密营遗址　抗日忠侠姜志远调查采访实录》重在原汁原味记录口述史料，《密林中的脚印——东北抗日义勇军代王砬子密营遗址追踪》以纪实方式叙述整个调查论证过程，《发现——东北抗日义勇军在龙潭》则侧重以图文并茂的形式对该项目进行科学论述。

本书共编辑图片近400张，由逾万张相关图片中选取而来，大部分为项目组成员原创拍摄。由于特殊原因，编辑工作断断续续，耗时近5年时间，如今得以顺利出版，实属不易。在这里，向长期以来关注东北抗日义勇军代王砬子密营遗址和抗日忠侠姜志远调查项目的人们表示感谢，向为本书编辑创作工作提供大力支持的省、市、区相关部门和领导表示感谢，向参与论证的专家学者和参与考古发掘的同志表示感谢，同时也感谢那些向我们提供线索的健在或已故的当事人、见证人、知情人。

2020年7月，习近平总书记视察吉林时强调："要把红色资源作为坚定理想信念、加强党性修养的生动教材，教育引导广大党员、干部永葆初心、永担使命。"这正是我们编辑创作本书的初衷。真心希望读者朋友能够喜爱这本书，并从中汲取精神力量，培养爱国热情，砥砺强国之志，铭记历史，不忘来路，让艰苦奋斗、敢闯敢干、勇于创新的精神引领成为时代坐标。

丛书编撰始末

丛书由《发现——东北抗日义勇军在龙潭》《寻证——东北抗日义勇军代王砬子密营遗址　抗日忠侠姜志远调查采访实录》《密林中的脚印——东北抗日义勇军代王砬子密营遗址追踪》3部图书组成。

2017年5月，根据中央党史研究室（现中共中央党史和文献研究院）2016年《关于印发〈东北抗日联军历史资料征集研究中心工作方案〉的通知》要求，吉林市龙潭区贯彻中共吉林省委办公厅2016年21号文件（《关于印发〈吉林省东北抗日联军历史资料征集研究工作实施方案〉的通知》）的指示精神，成立项目组。在中共吉林省委党史研究室的指导下，开始田野调查，采访当事人、见证人、知情人，查阅档案，搜寻相关图书文献。

2017年10月，由修瑞负责整理采访录像、录音，刘洺辛承担了部分整理工作，《寻证》通稿工作由于化冰、赵聆实、王葆林、张页若负责，赵聆实编写了篇目，通改、校注、审订书稿，于化冰审读、审定书稿。

2018年初，王建勋建议撰写报告文学《密林中的脚印》，修瑞承担撰写工作。书稿成书过程中，赵聆实、于化冰多次提出修改建议。

2019年初，赵聆实编写《发现》纲目，赵聆实、修瑞撰写各章主题文字及人物小传、事件说明，王葆林编辑图片、撰写图片说明初稿。2019年5月，赵聆实对前三章、于化冰对其余各章重新挑选、编辑照片并撰写图片说明，刘洺辛协助挑选照片和资料整理工作。

丛书出版由吉林市财政局专项资金扶持。

2019年3月，书稿陆续交付吉林大学出版社，修瑞、张页若负责《寻证》《密林中的脚印》校对工作，赵聆实、于化冰最终审定。

2020年11月，赵聆实、修瑞对《发现》再次修改、增补，重新编辑。2021年4月，赵聆实、于化冰、修瑞终审、定稿。